Institut für Demoskopie Allensbach (Hrsg.)
Frauen in Deutschland
Lebensverhältnisse, Lebensstile und Zukunftserwartungen
Die Schering-Frauenstudie '93

Institut für Demoskopie Allensbach
(Hrsg.)

Frauen in Deutschland

Lebensverhältnisse, Lebensstile und Zukunftserwartungen

Die Schering-Frauenstudie '93

Bund-Verlag

Die Deutsche Bibliothek – CIP-Einheitsaufnahme

Frauen in Deutschland :
Lebensverhältnisse, Lebensstile und Zukunftserwartungen ;
die Schering-Frauenstudie '93 /
Institut für Demoskopie (Hrsg.). –
Köln : Bund-Verl., 1993
ISBN 3-7663-2463-2
NE: Institut für Demoskopie ‹Allensbach›

Lektorat: Jo-Jo Legrand
Herstellung: Heinz Biermann
Umschlag: Roberto Patelli
Druckvorstufe: Schäper GmbH, Bonn
Druck: Wagner, Nördlingen
Printed in Germany 1993
ISBN 3-7663-2463-2

Inhalt

Vorwort

Unternehmen und Öffentlichkeit

Zunehmend durchdringen sich in unserer Gesellschaft die Bereiche des wirtschaftlichen und des sozialen Geschehens. Sorgfältig wird die unternehmerische Tätigkeit von der Öffentlichkeit beobachtet und ihre gesellschaftliche Verantwortung eingeklagt. Umgekehrt sehen viele Unternehmen ihre Aufgabe nicht nur in der Herstellung und dem Vertrieb von Produkten, sondern nehmen ihre soziale Rolle, die sie als Mitglied der Gesellschaft besitzen, aktiv an. So ist für die *Schering AG,* die seit über 60 Jahren medizinische Produkte für Frauen herstellt, die Rolle der Frau in unserer Gesellschaft ein wichtiges Forschungs- und Arbeitsgebiet, bei dem das Unternehmen einen Teil seiner gesellschaftlichen Verantwortung einlöst.

Soziale Verantwortung als Unternehmen zu übernehmen, heißt, sich in gesellschaftlich sinnvollen Projekten zu engagieren. Mit dem Auftrag zur Durchführung und zur Veröffentlichung der nachfolgenden Studie will sich *Schering* dieser Verantwortung stellen und darüber hinaus das strukturierte Wissen über Lebenssituationen und Lebenseinstellungen von Frauen erhöhen. Die Studie, die das *Institut für Demoskopie Allensbach* durchgeführt hat, gestattet zum ersten Mal seit der Wiedervereinigung einen Vergleich der Positionen von Frauen in Ost- und Westdeutschland. Sie zeigt, daß sich die Frauen trotz der 40 Jahre getrennter und verschiedener gesellschaftlicher Entwicklungen nur in wenigen Bereichen, so beispielsweise in der Familienorientierung, unterscheiden. Die Veröffentlichung der Studie soll helfen, die Einstellungen und Erwartungen der Frauen in unserer Gesellschaft transparenter zu machen und darüber hinaus die politische Diskussion bereichern.

Doch damit ist es sicher nicht getan. Ökonomie und Gesellschaft bilden ein enges Beziehungsnetz, und so werden die Studienergebnisse auch Richtschnur für den unternehmerischen Prozeß sein. Die Studie hat gezeigt, daß sich die Anforderungsprofile gegenüber Gesundheitsdienstleistungen verändert haben. Immer stärker gehen in den Gesundheitsbereich auch ökologische, psychische und soziale Faktoren mit ein. Diese müssen und sollen in die unternehmerischen Prozesse integriert werden. Mit einer Reihe von Projekten, auch aus dem ökologischen Bereich, hat *Schering* begonnen, diese Herausforderungen anzunehmen.

Prof. Dr. Günter Stock
Mitglied des Vorstandes der Schering AG

Einführung

Die Situation und das Selbstverständnis von Frauen haben sich in diesem Jahrhundert und insbesondere in den letzten Jahrzehnten tiefgreifend verändert, mehr als die Situation und das Selbstverständnis von Männern. Durch die Verbesserung der Bildungs- und Berufschancen und eine neue Sicht von Männer- und Frauenrollen haben sich der Freiheitsspielraum und der Aktionsradius von Frauen wesentlich erweitert. Die Frauen selbst haben den Eindruck einer gravierenden Veränderung ihrer Lebensverhältnisse, sehen sich und ihre Situation ganz anders als die ihrer Mütter und Großmütter.

Lange Zeit wurde die Veränderung der Situation von Frauen in erster Linie als Angleichung an die Chancen und Lebensweisen von Männern interpretiert: Eine Angleichung der Bildungs- und Berufschancen, die Eroberung ursprünglich männlicher Domänen in Wirtschaft und Gesellschaft, die Repräsentanz von Frauen in politischen und wirtschaftlichen Führungspositionen, die Auflösung von Rollenmustern, die den Freiheitsspielraum von Frauen stärker einschränken als den von Männern. Der Erfolg der Emanzipationsbewegung wurde oft einseitig danach bemessen, wieweit es den Frauen gelungen war, mit Männern gleichzuziehen, gemessen an der Repräsentanz in verantwortlichen Positionen, in Ausbildungsgängen und Berufen, in den Interessengebieten und Einstellungen. Unterschiede zwischen Männern und Frauen, z. B. in den Interessengebieten und bei der Berufswahl, wurden entsprechend meist als zäh weiter bestehende Defizite interpretiert, die durch eine unterschiedliche Sozialisation von Männern und Frauen bedingt seien.

Erst allmählich wurde bewußt, daß diese Sichtweise männliche Einstellungen, Interessen und Lebensmuster zum entscheidenden Maßstab für die Situation und Einstellungen von Frauen macht. Diese Erkenntnis und die Beobachtung, daß sich gerade bei den Interessengebieten und den Verhaltensmustern Unterschiede zwischen Männern und Frauen trotz einer Angleichung der Sozialisationsbedingungen erstaunlich stabil hielten, veränderten die Perspektive und förderten eine neue Offenheit für die Fragen, wieweit es spezifisch männliche und weibliche Begabungen und Verhaltensmuster gibt. Diese Perspektive beschränkt sich nicht auf die Analyse von Defiziten und interpretiert auch nicht jeden Unterschied als Defizit, sondern begreift Unterschiede auch als Bereicherung. Die Frauen selbst haben den Eindruck einer tiefgreifenden, umfassenden Verschiedenheit von Männern und Frauen – in den Interessen und Begabungen, besonders aber in wesentlichen Charaktereigenschaften und im Sozialverhalten –, ohne diese Verschiedenheit einseitig negativ zu werten.

Zur Zeit wächst ein unvoreingenommenes Interesse für diese Unterschiede und generell für die Lebenssituation und das Selbstverständnis von Frauen. Dieses Interesse erhält durch die deutsche Einheit einen zusätzlichen Antrieb, da sich die Situation von Frauen in den alten und neuen Bundesländern in den letzten Jahrzehnten sehr unterschiedlich entwickelt hat, über die systembedingten und ökonomischen Verschiedenheiten hinaus. Während die weibliche Erwerbstätigenquote in Westdeutschland in den letzten Jahrzehnten auch im Vergleich zu vielen westlichen Industrienationen ungewöhnlich niedrig war und nur eine Minderheit der Frauen nach dem 30. Lebensjahr eine ganztägige Berufstätigkeit ausübte, war die ganztägige Berufstätigkeit für Frauen in den neuen Bundesländern bisher die Regel, auch für Mütter. Gleichzeitig wurden in den neuen Bundesländern früher mehr Kinder geboren als in Westdeutschland, da weitaus mehr Möglichkeiten bestanden, Familie und Beruf zu vereinbaren. Diese unterschiedlichen Erfahrungen und Möglichkeiten prägen die Bewertung der heutigen Situation, der Umstellungsprobleme und das Selbstverständnis von Frauen in den neuen Bundesländern.

Ermöglicht durch die *Schering AG* hat das *Institut für Demoskopie Allensbach* eine umfassende Untersuchung des Selbstverständnisses, der Lebensziele und Lebenssituation von Frauen in den alten und neuen Bundesländern durchgeführt. In der ersten Phase der Untersuchung wurden 50 einbis zweistündige Intensivinterviews mit Frauen geführt und wörtlich protokolliert. 30 Gespräche wurden in den alten, 20 in den neuen Bundesländern mit Frauen aus allen Altersgruppen und sozialen Schichten durchgeführt. Auszüge aus diesen Gesprächen werden zur Illustration der quantitativen Ergebnisse an vielen Stellen des Buches zitiert.

Die Hauptstudie, die im März 1992 durchgeführt wurde, stützt sich auf 4355 Interviews mit einem repräsentativen Querschnitt von Frauen ab 14 Jahren, davon 2644 in den alten, 1711 in den neuen Bundesländern. Parallel wurde eine Sekundäranalyse der Datenbestände des Allensbacher Archivs durchgeführt, um über die Momentaufnahme hinaus die Veränderungen des Selbstverständnisses und der Lebensinhalte von Frauen in den letzten Jahrzehnten zu dokumentieren.

Jahrzehnte umspannende Trendreihen liegen nur für Westdeutschland vor; in Ostdeutschland wurden seit Anfang 1990 kontinuierliche Untersuchungen durchgeführt, so daß zumindest die Entwicklung seit der Wende teilweise dokumentiert werden kann. Die für die Sekundäranalyse herangezogenen Daten stützen sich in der Regel auf 2000 Interviews mit einem repräsentativen Querschnitt der Bevölkerung ab 16 Jahre, vor der Einheit ausschließlich in Westdeutschland, ab Frühjahr 1990 auf je 1000 Interviews in Ost- und Westdeutschland.

Dr. Renate Köcher
Institut für Demoskopie Allensbach
Allensbach am Bodensee

1. Gesellschaft und Rollenverständnis im Wandel

Wohl selten hatte eine Frauengeneration in diesem Ausmaß den Eindruck, anders zu sein, anders zu leben als ihre Mütter. Frauen heute sehen ihr Leben als Kontrast, teilweise regelrecht als Gegenentwurf zu der Lebenssituation und dem Selbstverständnis von Frauen in den fünfziger und sechziger Jahren. Der gesellschaftliche Wandel der letzten Jahrzehnte, das veränderte subjektive Rollenverständnis und die objektiv andere Situation sind für die Frauen durch den Vergleich mit der eigenen Mutter nicht bloße Historie, sondern sehr lebendig. Mehr als Männer haben Frauen dadurch ein dynamisches Zeitgefühl, den Eindruck von Veränderung, wobei die Veränderungen fast ausschließlich als Gewinn und als Verbesserung der Lage von Frauen bewertet werden.

Der gesellschaftliche Wandel wird von Frauen als Befreiung in einem umfassenden Sinn erlebt: als Befreiung aus der Abhängigkeit von einem Partner, aus Rollenzwängen, aus der Begrenztheit des häuslichen Bereichs; als neu gewonnene Freiheit, in Beruf und Freizeit eigene Ziele und Begabungen zur Geltung zu bringen und auch ohne Eheschließung Verbindungen eingehen zu können; als verbesserte Zugangschancen zu Bildung und Interessengebieten; nicht zuletzt auch als Befreiung aus der materiell beengten Lage, in der sich die Müttergeneration häufig durch Krieg, Inflation, aber auch durch mangelnde eigene Einkünfte befand. Einige Auszüge aus den Intensivinterviews können dies eindrucksvoll unterstreichen:

> »Mein Leben unterscheidet sich grundsätzlich von dem meiner Mutter, allein schon von der Schulbildung her. Ich hatte die Möglichkeit, eine höhere Schule zu besuchen; meiner Mutter blieb dieser Weg verschlos-

sen, auch weil sie aus ärmlichen Verhältnissen stammte, in denen die Rollenklischees ›Die Frau gehört an Heim und Herd‹ Vorrang hatten.«

»Meine Mutter war vollkommen unselbständig, sie war ganz ihrem Mann untertan. Die typische biblische Ehefrau, sie hatte fast keine eigene Meinung, sondern was ihr Mann sagte, das war für sie das Evangelium.«

»Ich hatte im Unterschied zu meiner Mutter und Großmutter die Möglichkeit, meine beruflichen Ziele voll zu verwirklichen. Ich habe alles genutzt, was mir angeboten wurde, und bin mit meinem Beruf auch sehr zufrieden.«

»Mein Leben unterscheidet sich von dem meiner Mutter und Großmutter ganz pauschal durch den Stellenwert, den die Frau in der Familie und in der Gesellschaft hat. Früher hat man nie daran gedacht, sich als Frau in die Gesellschaft einzubringen oder sich speziell auch mit Frauenproblemen zu befassen. Dann hat sich noch die Stellung zum Beruf verändert; für meine Mutter und Großmutter war es selbstverständlich, den Beruf für die Familie aufzugeben, das ist für mich nicht so selbstverständlich.«

»Mein Leben ist lockerer, ich bin nicht so in eine Rolle gezwängt wie die Frauen früher. Das ist, glaube ich, der entscheidende Punkt. Ich habe einen Beruf gelernt, und den übe ich aus, mein Partner muß das akzeptieren.«

»Man kann heute leichter ohne Ehe eine Beziehung eingehen, und das Zusammenleben mit einem Partner fängt schon viel früher an. Meinen ersten Freund habe ich mit 15 Jahren kennengelernt. Mit 16 Jahren hatte ich die erste feste Beziehung, das sind Freiheiten, die es bei meiner Mutter noch gar nicht gab.«

»Meine Mutter hat ihre schönsten Frauenjahre mit Entbehrungen verbracht. Sie verwertete alles, stopfte und flickte, es wurde nichts weggeworfen. Da ist mein Leben doch ganz anders. Das bißchen Luxus genieße ich jetzt. Ich besitze Dinge, von denen meine Mutter nur geträumt hat, wertvollen Schmuck und auch Pelze.«

79 Prozent der Frauen halten ihren Spielraum, eigene Interessen zu verwirklichen, für größer als den ihrer Mutter; 78 Prozent stufen ganz generell ihren Freiheitsspielraum als größer ein. Frauen in Ost- und Westdeutschland unterscheiden sich hier kaum; die Überzeugung, daß die letzten Jahrzehnte für Frauen eine Befreiung von Rollenzwängen, materieller Abhängigkeit, der Unterordnung eigener Interessen gebracht haben, bestimmt das Lebensgefühl von Frauen in den alten wie den neuen Bundesländern *(Tabelle 1)*.

Trotz der aktuellen Schwierigkeiten, die die Umbruchsituation in Ostdeutschland mit sich bringt und deren psychische Belastungen meist verkannt werden, empfindet die Mehr-

Tabelle 1:

Gewachsener Freiheitsspielraum

Frage:
Können Sie Ihre eigenen Interessen besser verwirklichen, als Ihre Mutter das konnte?

	Frauen insgesamt %	in West %	Ost %
Ja	79	79	79
Nein	11	11	10
Weiß nicht	10	10	11
	100	100	100

Frage:
Wenn Sie einmal Ihr Leben mit dem Ihrer Mutter vergleichen, dann gibt es da sicherlich Unterschiede. Ich möchte einmal einige Punkte herausgreifen und Sie dazu befragen. Würden Sie sagen, daß Sie mehr Freiheiten haben als Ihre Mutter damals, als sie in Ihrem Alter war, oder würden Sie das nicht sagen?

	Frauen insgesamt %	in West %	Ost %
Habe mehr Freiheiten	78	79	74
Würde ich nicht sagen	16	15	17
Weiß nicht	6	6	9
	100	100	100

Erhebungseinheit: Bundesrepublik Deutschland, Frauen ab 14 Jahren.
Quelle: Allensbacher Archiv, IfD-Umfrage 3216.

heit der ostdeutschen Frauen wie die westdeutschen Frauen ihr Leben in der langfristigen Perspektive heute als leichter als das der eigenen Mutter. Nur 30 Prozent der westdeutschen und 36 Prozent der ostdeutschen Frauen haben das Gefühl, daß der gewonnene Freiheitsspielraum mit wesentlich größeren Belastungen erkauft werden muß *(Tabelle 2)*.

Tabelle 2:

Belastungen und Anforderungen im Generationenvergleich

Frage:
Was glauben Sie, ist Ihr Leben heute leichter oder schwerer als das Ihrer Mutter, oder gibt es da keinen Unterschied?

	Frauen insgesamt %	in West %	Ost %
Ist heute leichter	56	57	54
Ist heute schwerer	11	10	12
Gibt keinen Unterschied	23	23	23
Weiß nicht	10	10	11
	100	100	100

Frage:
Sind Sie im Vergleich zu Ihrer Mutter heute stärker gefordert als sie damals?

	Frauen insgesamt %	in West %	Ost %
Ja	31	30	36
Nein	49	51	42
Weiß nicht	20	19	22
	100	100	100

Erhebungseinheit: Bundesrepublik Deutschland, Frauen ab 14 Jahren.
Quelle: Allensbacher Archiv, IfD-Umfrage 3216.

Während die befragten Frauen durchgängig die eigene Situation als deutliche Verbesserung gegenüber der Lebensweise der Generation ihrer Mütter empfinden, ist gleichzeitig die Mehrheit überzeugt, daß die eigene Mutter ihre in vieler Hinsicht eingegrenztere Lebensweise nicht als defizitär empfunden hat. Die Mütter lebten das Leben von Frauen ihrer Zeit und hinterfragten es meist nicht, da es ihren Erwartungen und den Rollenvorstellungen der Zeit entsprach. Frauen heute bewerten die Lebenssituation ihrer Mütter als unbefriedigend, sind sich jedoch bewußt, daß dieses Werturteil aus der heutigen Perspektive gefällt wird und häufig nicht dem Lebensgefühl der Mütter entspricht:

»Ich glaube, meine Mutter war zufrieden, weil sie ihren Lebensinhalt in den Kindern und der Familie gesehen hat. Sie war auch so erzogen. Jedenfalls war sie immer sehr fröhlich und immer für uns da . . .«

»Ich denke, daß meine Mutter mit ihrem Leben zufrieden ist. Entfaltungschancen hat sie sicher nicht vermißt, solange wir Kinder alle zu Hause waren und sie sich um uns gekümmert hat. Jetzt in der Nachkinderphase ist sie an einem Wendepunkt. Ich denke schon, daß sie da noch einen Weg finden wird, sich persönlich zu entfalten. Aber ich denke, daß sie auch ihre Erfüllung in uns Kindern gefunden hat.«

»Meine Mutter war zufrieden, sie hat nichts anderes gekannt. Damit hat sie in ihrem Leben auch eigentlich überhaupt nichts vermißt.«

»Meine Mutter hatte zwar auch einen Beruf, was damals eigentlich die absolute Ausnahme war, sie war Erzieherin und wollte später eigentlich Fürsorgerin werden. Aber daraus wurde dann doch nichts, weil sie im Hafen der Ehe gelandet ist. Und damit saß sie – aus meiner Sicht – in der Falle. Das war für mich das Ende ihres eigenen Lebens, ab sofort ging sie ganz im Dasein als Hausfrau und Mutter auf. Aber ich hab' nie von ihr gehört, daß ihr das irgendwie mißfallen hätte. Für mich wäre das nichts, aber meine Mutter schien und scheint damit zufrieden gewesen zu sein. Rückblickend äußert sie sich zwar immer positiv über ihre Zeit im Kindergarten, aber sie sieht in ihrem Leben als Mutter und Hausfrau auch nichts Negatives. Für sie war es ganz normal, daß die Berufstätigkeit ein rasches Ende durch Heirat und Mutterschaft fand. Irgendwie war das für sie eine Fortsetzung ihres Berufs in einer anderen, ganz natürlichen Weise.«

Nur 28 Prozent der Frauen halten sich für glücklicher und zufriedener als ihre Mütter, deren Leben die große Mehrheit rückblickend als zu beengt, als ärmer empfindet. Den meisten ist bewußt, daß Lebenszufriedenheit auch von dem Erwartungshorizont abhängt und dieser Erwartungshorizont wiederum von der Zeit, von der Situation und den vorherrschenden Anschauungen, mit denen man aufwächst, geprägt wird *(Tabelle 3)*.

Die Analyse der Lebenszufriedenheit verschiedener Frauengenerationen bestätigt diese Einschätzung: Die Lebenszufriedenheit der 60jährigen und älteren Frauen ist fast deckungsgleich mit der Lebenszufriedenheit der Töchter- und Enkelgeneration; in den neuen Bundesländern ziehen allerdings Frauen zwischen Anfang 40 und Ende 50 teilweise

Tabelle 3:

Lebenszufriedenheit von Mütter- und Töchtergeneration

Frage:
Wer ist mit seinem Leben alles in allem glücklicher und zufriedener, Sie oder Ihre Mutter, oder sind Sie beide gleichermaßen zufrieden?

	Frauen insgesamt %
Ich	28
Meine Mutter	7
Beide gleichermaßen	48
Unentschieden	17
	100

Erhebungseinheit: Bundesrepublik Deutschland, Frauen ab 14 Jahren.
Quelle: Allensbacher Archiv, IfD-Umfrage 3216.

eine andere, kritischere Bilanz; in der Phase des Umbruchs und Neuanfangs in Ostdeutschland fürchtet ein Teil dieser Generation, nicht mehr ausreichend Fuß fassen zu können, insbesondere berufliche Chancen zu verlieren.

Insgesamt sind ostdeutsche Frauen heute weniger mit ihrem Leben zufrieden als westdeutsche. Die Umstellungsschwierigkeiten in den neuen Bundesländern überschatten zur Zeit das Leben vieler. Die mit der ökonomischen Umbruchsituation verbundenen Probleme wie Arbeitslosigkeit, die Entwicklung der Einkommen und Preise sowie generell die Frage der Zukunftsperspektiven beschäftigen Frauen in den neuen Bundesländern weitaus mehr als in Westdeutschland. So beschäftigt die eigene finanzielle Lage 61 Prozent der ostdeutschen, aber nur 36 Prozent der westdeutschen Frauen gedanklich. Die Preisentwicklung verfolgen 57 Prozent der ostdeutschen, 45 Prozent der westdeutschen Frauen sehr aufmerksam; über die Zukunftsperspektiven der eigenen Kinder denken 66 Prozent der ostdeutschen, 54 Prozent der westdeutschen Frauen häufiger nach *(Schaubild 1)*.

Die Verunsicherung, die zwangsläufig mit einer Umbruchphase verbunden ist, wird bis heute in Westdeutschland nicht verstanden. In einer solchen Umbruchphase, wo

Schaubild 1:

Welche Themen beschäftigen Frauen in West und Ost?

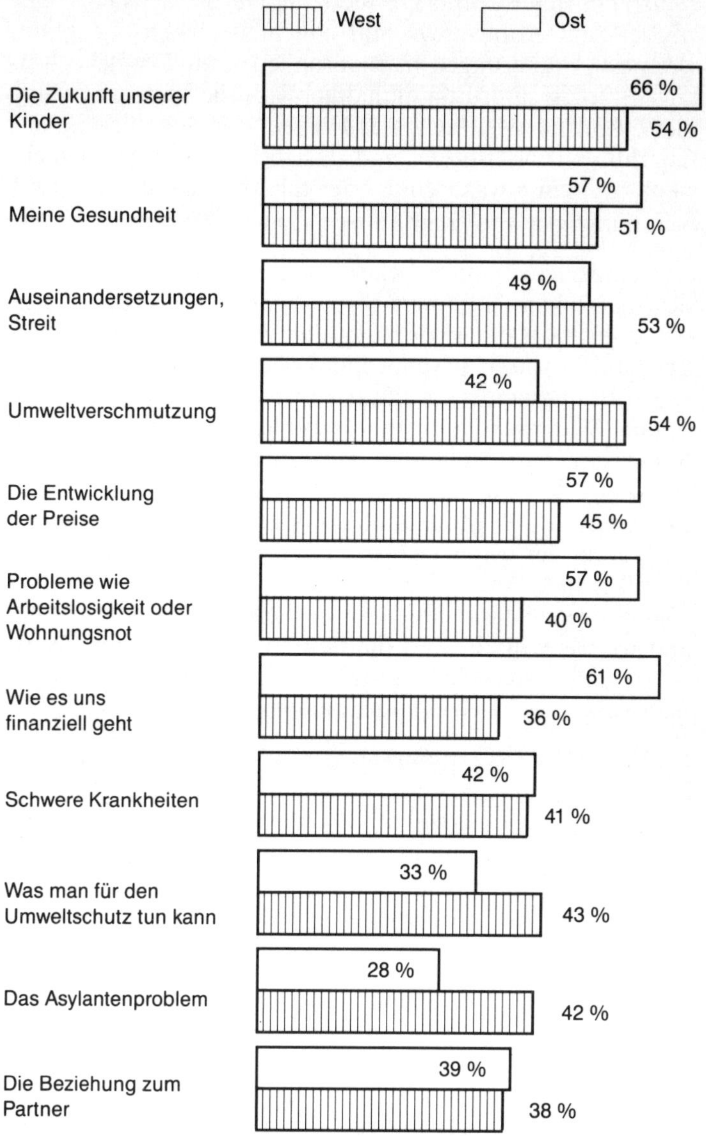

Erhebungseinheit: Bundesrepublik Deutschland, Frauen ab 14 Jahren.
Quelle: Allensbacher Archiv, IfD-Umfrage 3216.

nichts mehr ist, wie es gestern war, wo ein Großteil des bisher erworbenen Wissens plötzlich nichts mehr wert ist, entstehen enorme Informationsdefizite. Die einfachsten Dinge werden zum Problem: wie man eine Steuererklärung abgibt, welche Versicherungen man abschließen muß, welche Ämter zuständig sind. Erst allmählich läßt die Verunsicherung nach. Anfang 1991 hatten 55 Prozent der Bevölkerung das Gefühl, »alles ist so neu und unsicher, daß man gar nicht weiß, ob man etwas richtig oder falsch macht«; Ende 1991 waren immerhin noch 46 Prozent so verunsichert.

Die Umbruchsituation belastet die Bevölkerung nervlich, sie steht erkennbar unter Streß. Besonders in den ersten Monaten nach der Errichtung der Wirtschafts- und Währungsunion waren psychosomatische Beschwerden in den neuen Bundesländern weitaus verbreiteter als in den alten: Schlafstörungen, Schwindelgefühle, Herzbeschwerden, Nervosität und Erschöpfungszustände. 39 Prozent der ostdeutschen Bevölkerung litten an Schlafstörungen gegenüber 21 Prozent in Westdeutschland; über Nervosität klagten 38 Prozent der ostdeutschen, 21 Prozent der westdeutschen Bevölkerung. Auch wenn die Mehrheit der Bevölkerung keinen Zweifel daran läßt, daß sie die Einheit gewünscht hat und weiter wünscht und die Umstrukturierung von Wirtschaft und Gesellschaft mitträgt, war und ist die nervliche Belastung durch den Wandel immens.

Gleichzeitig ist die Mehrheit der ostdeutschen Frauen jedoch von einem dynamischen Zeitgefühl geprägt, von dem Vertrauen in eine bessere Zukunft und der Überzeugung, daß sich ihre Situation in den nächsten Jahren deutlich verbessern wird, während westdeutsche Frauen keine nennenswerte Steigerung ihrer Lebenszufriedenheit erwarten.

Die langfristigen Veränderungen der Situation von Frauen in diesem Jahrhundert und besonders in den letzten Jahrzehnten sehen ostdeutsche Frauen nicht anders als westdeutsche. Nur eine Minderheit sieht die Müttergeneration als treibende Kraft des Wandels und den eigenen größeren Entfaltungsspielraum als Ergebnis der Initiative der eigenen Mutter oder zumindest ihrer Generation. Stellungnahmen wie die folgenden waren in den Gesprächen die Ausnahme:

»Meine Mutter sagte mir immer, geh' fort von zu Hause, seh' etwas von der Welt. Ihr war es bestimmt nicht recht, daß ich so früh geheiratet habe. Sie wollte, daß ich etwas von der Welt sehe, wahrscheinlich, weil sie es nicht gehabt hat.«

»Meine Mutter war mit ihrem Leben nicht zufrieden. Deshalb hat sie mir ermöglicht, höhere Schulen zu besuchen.«

Die meisten siedeln den Emanzipationsprozeß nicht in der Generation der Mütter, sondern in der eigenen Generation an, jedoch interessanterweise nicht als bewußt angestrebten und erlebten Prozeß. Nur wenige haben das Gefühl, ihren Freiheitsspielraum erkämpft zu haben, höchstens ihn manches Mal gegen das Rollendenken von gestern und konkurrierende Ansprüche verteidigen zu müssen. Zwischen dem Leben der Müttergeneration und dem eigenen Leben wird ein Bruch empfunden, ohne erklären zu können, wie er zustande kam und wer ihn bewirkte. Die Emanzipation wird damit weder als Leistung der Mütter noch als Leistung der eigenen Generation gesehen, sondern mehr wie ein schicksalhafter Prozeß.

Der kämpferische Feminismus hat in Deutschland nie weite Kreise gezogen. Kennzeichnend für die letzten Jahrzehnte war eine zunehmende Sensibilisierung für die Benachteiligung von Frauen, doch zugleich die weitverbreitete Überzeugung, daß die Emanzipation und Aufwertung von Frauen nicht aufzuhalten ist. Diese Einschätzung wurde auch in den Intensivinterviews deutlich; nach Ansicht der befragten Frauen führt kein Weg zurück zur Lebenssituation ihrer Mütter, da sich das Selbstverständnis und das Selbstbewußtsein von Frauen gewandelt haben. Das Selbstbewußtsein ist gewachsen, und gerade in dieser Hinsicht fühlen Frauen sich von der Generation davor verschieden. Die heutige Frauengeneration ist deutlich von dem Gefühl bestimmt, der Generation ihrer Mütter überlegen zu sein:

»Die Frauen von heute sind auf jeden Fall offener. Wir sagen, was wir denken, wir machen, was wir denken. Die Frauen von früher sind ganz anders. Normen wie ›Das macht man nicht, das sagt man nicht, das darf man nicht, das denkt man nur‹ spielen für sie eine weitaus größere Rolle.«

»Am meisten unterscheidet sich mein Leben von dem meiner Mutter im privaten Bereich. Meine Mutter kann sich eher einfügen. Ich stehe auf dem Standpunkt, ich möchte alles das tun, was mir Spaß macht. Ich möchte mich da auch gegenüber meinem Mann durchsetzen. Ich setze mich dann auch durch. Meine Mutter gibt dann eher klein bei.«

»Meine Mutter mußte sich vieles versagen. Ihr Mann hemmte sie auch in ihrer Entfaltung, sie war irgendwie angebundener. Nicht, daß er sie unterdrückte, aber sie hat oft zurückgesteckt und auf Unternehmungen im Alleingang verzichtet. Das würde ich nie tun. Frauen können heute auch offen über alles reden. Das machte man früher nicht.«

»Frauen sind selbstbewußter geworden. Sie haben auch ein anderes Durchsetzungsvermögen und einen anderen Kampfgeist entwickelt.«

In auffälligem Kontrast zu diesem Optimismus steht die Bilanz, die in bezug auf Verwirklichung der Gleichberechtigung gezogen wird: Nur eine Minderheit – 27 Prozent der Frauen in Westdeutschland, 21 Prozent in Ostdeutschland – ist überzeugt, daß die Gleichberechtigung in der Bundesrepublik heute weitgehend verwirklicht ist *(Tabelle 4)*; das Meinungsbild ist völlig stabil, die Überzeugung von der erfolgreichen Durchsetzung der Gleichberechtigung in den letzten Jahren und Jahrzehnten kaum gestiegen

Tabelle 4:

Skeptische Einschätzung der Gleichberechtigung

Frage:
Wie ist Ihr Eindruck: Ist die Gleichberechtigung der Frau weitgehend verwirklicht, oder muß da noch einiges getan werden, damit Mann und Frau bei uns gleichberechtigt sind?

	Frauen in Westdeutschland %	Ostdeutschland %
Ist weitgehend verwirklicht	27	21
Muß noch einiges getan werden	63	69
Unentschieden	10	10
	100	100

Erhebungseinheit: Bundesrepublik Deutschland, Frauen ab 14 Jahren.
Quelle: Allensbacher Archiv, IfD-Umfrage 3216.

Noch pessimistischer wird die Chancengleichheit von Männern und Frauen im Beruf eingeschätzt: Nur 17 Prozent der westdeutschen Bevölkerung gehen davon aus, daß Chancengleichheit im Beruf erreicht ist. Die Sensibilität für Ungleichbehandlungen ist in diesem Bereich beträchtlich gestiegen. 1967, als die Situation noch wesentlich ungünstiger war als heute, waren immerhin 40 Prozent überzeugt, daß die Chancengleichheit im Beruf bereits weitgehend verwirklicht ist.

Parallel zu der wachsenden Sensibilisierung für ungleiche Chancen im Beruf ist die Überzeugung gewachsen, daß Männer generell im Vorteil sind, ob im Beruf, in der Politik oder in der Familie *(Tabelle 5)*.

Der wachsende Pessimismus scheint zunächst paradox vor dem Hintergrund des gesellschaftlichen Wandels, der wachsenden Unterstützung für die Forderung nach Gleichberechtigung, der veränderten Sicht der Rolle der Frau. Erhöhte Sensibilisierung ist *eine* Erklärung für die pessimistischere Sicht der bisherigen Erfolge. Darüber hinaus spiegelt sich in dieser Einschätzung jedoch auch die Tatsache, daß aufgrund der gestiegenen Erwartungen die Realität heute teilweise weiter hinter den Wünschen zurückbleibt als früher.

Wie westdeutsche Frauen ist auch die überwältigende Mehrheit der Frauen in den neuen Bundesländern überzeugt, daß weiter für die Chancengleichheit von Männern

Tabelle 5:

Männer haben es leichter

Frage:
Wer, glauben Sie, hat es im allgemeinen leichter im Leben – die Männer oder die Frauen?

	Westdeutschland Bevölkerung insgesamt				Frauen			
	1974 %	1979 %	1987 %	1992 %	1974 %	1979 %	1987 %	1992 %
Die Männer haben es leichter	38	44	43	45	49	56	56	59
Die Frauen haben es leichter	19	17	13	11	12	8	6	5
Beide haben es gleich schwer	38	33	37	35	34	30	34	28
Unentschieden, keine Angabe	5	6	7	9	5	6	4	8
	100	100	100	100	100	100	100	100

Erhebungseinheit: Westdeutschland, Bevölkerung ab 16 Jahren.
Quelle: Allensbacher Archiv, IfD-Umfragen 3002, 3072, 4087/II, 5062.

und Frauen gearbeitet werden muß. Dabei fiel in den Gesprächen mit ostdeutschen Frauen jedoch auf, welche Ängste sich in diesem Bereich mit dem Prozeß der deutschen Einheit verbinden. Ostdeutsche Frauen sehen westdeutsche Frauen offensichtlich noch in weitaus stärkerem Maße den traditionellen Normen verhaftet und fürchten teilweise, daß die Einheit auch ostdeutsche Frauen in das alte, abgelehnte Rollenverständnis zurückzwingt. Während repräsentative Umfragen zeigen, daß die deutsche Vereinigung von der überwältigenden Mehrheit der ostdeutschen Bevölkerung, auch von der überwältigenden Mehrheit der Frauen, gewünscht wurde und auch heute weit überwiegend positiv beurteilt wird, bestehen in bezug auf die künftige Entwicklung der Rolle der Frau in Ostdeutschland offensichtlich beträchtliche Bedenken:

»Ich glaube, es wird in den nächsten Jahren eine ganz schöne Rückentwicklung geben. Die Frauen werden wieder an den heimischen Herd verbannt. Ich persönlich finde das nicht gut. Aber die steigende Arbeitslosigkeit bei Frauen wird das wohl mit sich bringen. Für mich heißt ›nur Hausfrau sein‹ Einbüßung von Freiheit.«

»Was die Rolle der Frau anbelangt, hat uns die Vereinigung ganz schön zurückgeworfen. Die Pläne, die ich beruflich noch hatte, kann ich vergessen! Aber ich habe wenigstens Arbeit. Viele Frauen müssen ja jetzt zurück an den Kochtopf. Irgendwie werden wir wieder in die alte Rolle gedrängt, dabei hatten wir das gar nicht schlecht im Griff, Familie und Arbeit zu verbinden.«

»Meiner Meinung nach haben Frauen in Ost- und Westdeutschland in den vergangenen 40 Jahren eine unterschiedliche Form der Sozialisation erlebt. Ostfrauen haben ziemlich selbstverständlich Beruf und Familie vereinbart, wenn auch mit Abstrichen in der persönlichen Entwicklung. Sie waren durch die Berufstätigkeit ökonomisch vom Mann unabhängig, konnten dadurch ein ziemlich ausgeprägtes Selbstwertgefühl entwickeln. Westfrauen sehen zu einem größeren Teil ihre Aufgabe wie eh und je in der Familie. Sie setzen nach meiner Beobachtung viel mehr daran, Männern auch äußerlich zu gefallen, beschäftigen sich viel mehr mit Kleidung und Kosmetik als die Frauen Ost. Die Tendenz geht nun leider dahin, insgesamt wieder bürgerliche Verhältnisse in der Familie herzustellen, auch in Ostdeutschland, die Frau dahin zu verbannen, wo sie nach Meinung vieler Männer hingehört. Die Vereinigung ist für die Frauen schon teilweise auch mit viel Verlust verbunden.«

Die überwältigende Mehrheit geht davon aus, daß sich die Situation von Frauen in den neuen Bundesländern seit der Einheit zunächst verschlechtert hat. Für sich selbst bestätigt das allerdings nur eine Minderheit: 81 Prozent der Frauen in Ostdeutschland sind überzeugt, daß sich die Lage der Frauen in den neuen Bundesländern verschlechtert hat, 27 Prozent geben an, daß sich ihre eigene Lage seit der Wende ungünstig entwickelt hat; von der männlichen Bevölkerung ziehen 21 Prozent eine vergleichbare kritische Bilanz ihrer Lage *(Tabelle 6)*.

Tabelle 6:

Einschätzung der Entwicklung der Lage von Frauen in den neuen Bundesländern

Frage:
Wie schätzen Sie das ein, hat sich die Situation der Frauen in Ostdeutschland im Vergleich zu der Zeit vor der Wende und der deutschen Einheit im allgemeinen verbessert oder verschlechtert?

	Ostdeutschland insgesamt %	Männer %	Frauen %
Verbessert	5	6	5
Verschlechtert	79	81	75
Kein Unterschied	7	6	9
Unentschieden	9	7	11
	100	100	100

Frage:
Wie sehen Sie das, hat sich Ihre persönliche Situation heute im Vergleich zu der Zeit vor der Wende und der deutschen Einheit im allgemeinen verbessert oder verschlechtert?

	Ostdeutschland insgesamt %	Männer %	Frauen %
Verbessert	51	48	53
Verschlechtert	24	27	21
Kein Unterschied	13	13	14
Unentschieden	12	12	12
	100	100	100

Erhebungseinheit: Ostdeutschland, Bevölkerung ab 16 Jahren.
Quelle: Allensbacher Archiv, IfD-Umfrage 5062.

Frauen stellen zur Zeit zwei Drittel der Arbeitslosen in den neuen Bundesländern. Sie sind nicht nur zahlenmäßig überproportional betroffen, sondern messen dieser Situation teilweise ein anderes, schwereres Gewicht bei, da ein Teil der arbeitslosen Frauen fürchtet, daß ihre Arbeitslosigkeit zu einem Dauerzustand werden könnte und die Rückkehr in den Beruf nicht gelingt. Durch die schwierige Situation in den neuen Bundesländern sind Frauen dort zur Zeit mit ihrer Lebenssituation und besonders den Möglichkeiten, beruflich tätig zu sein, signifikant weniger zufrieden als westdeutsche Frauen. 72 Prozent der westdeutschen, aber nur 56 Prozent der ostdeutschen Frauen sind zur Zeit mit ihrem beruflichen und häuslichen Tätigkeitsfeld zufrieden. Von den arbeitslosen Frauen äußern sich nur 26 Prozent zufrieden *(Tabelle 7)*. Obwohl auch für westdeutsche Frauen die Bedeutung des Berufs für das eigene Selbstverständnis und Selbstwertgefühl kontinuierlich gestiegen ist, hat der Beruf für ostdeutsche Frauen einen noch weitaus höheren Stellenwert. Entsprechend groß ist die Besorgnis, durch die ökonomischen Umstellungsprobleme dauerhaft berufliche Chancen zu verlieren.

Tabelle 7:

Geringere Zufriedenheit ostdeutscher Frauen

Frage:
Wenn Sie einmal an Ihre momentane Tätigkeit denken, ich meine an das, was Sie hauptsächlich machen, egal ob im Beruf oder zu Hause. Wie zufrieden sind Sie damit? Würden Sie sagen, Sie sind mit dem, was Sie machen, alles in allem . . .

	Frauen insgesamt %	in West %	Ost %
Sehr zufrieden	14	16	8
Zufrieden	55	56	48
Nicht ganz zufrieden	25	22	35
Gar nicht zufrieden	4	4	8
Unentschieden	2	2	1
	100	100	100

	Arbeitslose Frauen insgesamt %	in West %	Ost %
Sehr zufrieden	3	2	4
Zufrieden	23	30	18
Nicht ganz zufrieden	41	41	42
Gar nicht zufrieden	29	20	35
Unentschieden	4	7	1
	100	100	100

Erhebungseinheit: Bundesrepublik Deutschland, Frauen ab 14 Jahren.
Quelle: Allensbacher Archiv, IfD-Umfrage 3216.

2. Frauen im Beruf

Lange Zeit blieb die Berufstätigenquote westdeutscher Frauen weit hinter dem Niveau anderer Industrieländer zurück. Durch die zunehmende Berufsorientierung und die Verkürzung der berufsfreien Familienphase schließt Westdeutschland allmählich an die Berufstätigenquote in anderen Ländern an. 1960 waren knapp 50 Prozent der 15- bis unter 60jährigen Frauen in Westdeutschland erwerbstätig, 1990 63 Prozent. Verglichen mit Ostdeutschland bleibt die Berufstätigkeit von Frauen in Westdeutschland trotz der zur Zeit hohen Arbeitslosenquote in den neuen Bundesländern noch weit zurück, insbesondere der Anteil ganztags berufstätiger Frauen. 26 Prozent aller Frauen ab 14 Jahren in Westdeutschland sind ganztags berufstätig, in Ostdeutschland 43 Prozent. Nur von den 21- bis 29jährigen westdeutschen Frauen ist die Mehrheit, 52 Prozent, ganztags, weitere 12 Prozent sind teilzeit berufstätig; in den neuen Bundesländern sind 68 Prozent dieser Altersgruppe ganztags, 10 Prozent sind halbtags oder stundenweise beschäftigt. Nach dem 30. Lebensjahr fällt die Berufstätigkeit in Ost- und Westdeutschland dann extrem auseinander, da in diesem Alter ein Großteil der berufstätigen Frauen in Westdeutschland in eine Teilzeitbeschäftigung wechselt oder ganz aus dem Beruf aussteigt. Von den 30- bis 39jährigen Frauen sind in Westdeutschland 33 Prozent ganztags berufstätig, in Ostdeutschland 67 Prozent; 29 Prozent in den alten, 16 Prozent in den neuen Bundesländern üben in dieser Lebensphase eine Teilzeitbeschäftigung aus. Ähnlich groß ist der Unterschied in der Berufstätigkeit von den 40- bis 49jährigen Frauen in den alten und neuen Bundesländern *(Schaubild 2)*. Die halbtägige und stundenweise Berufstätigkeit steht nicht nur für eine zeitliche Reduktion des

Schaubild 2:

Wesentlich höhere Berufstätigenquote in Ostdeutschland

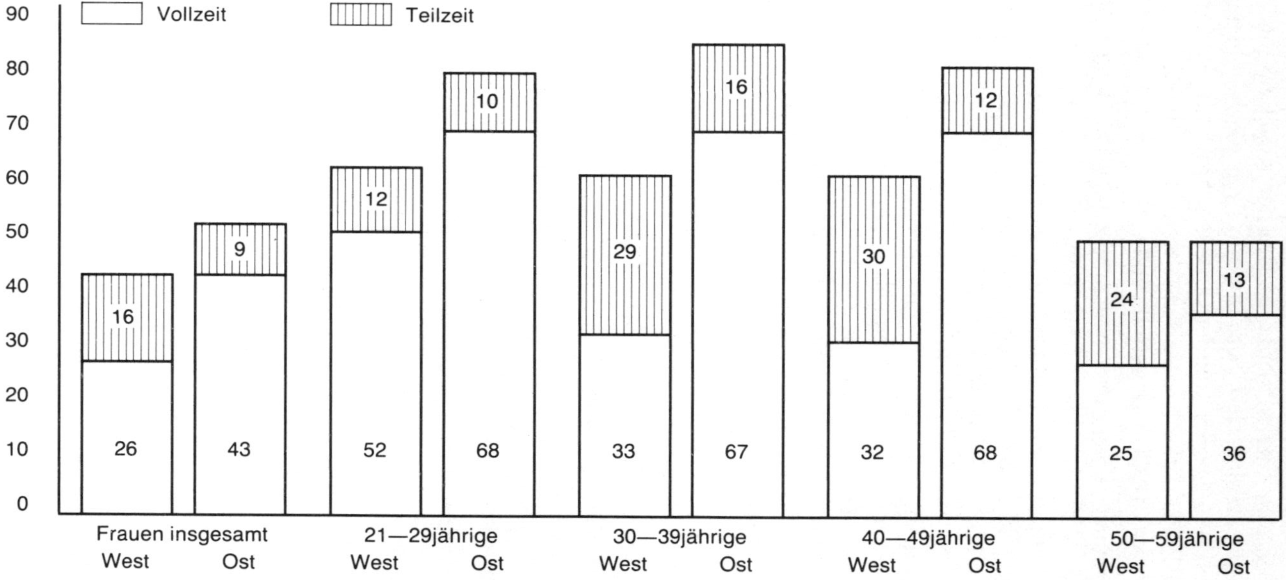

Erhebungseinheit: Bundesrepublik Deutschland, Frauen ab 14 Jahren.
Quelle: Allensbacher Archiv, IfD-Umfrage 3216.

beruflichen Engagements. Der in der Regel zugunsten der Familie erfolgende Übergang von einer ganztägigen auf eine halbtägige oder stundenweise Beschäftigung bedeutet für viele Frauen gleichzeitig den Abschied von beruflichen Ambitionen und Aufstiegschancen.

Untersuchungen zur Berufsmotivation von Frauen widerlegten stets die These, daß Berufstätigkeit von Frauen in erster Linie durch finanzielle Gründe erzwungen würde. Die überwältigende Mehrheit berufstätiger Frauen ist gern berufstätig, nur eine verschwindende Minderheit würde sich lieber ausschließlich auf die häuslichen Aufgaben konzentrieren. In den siebziger Jahren schwankte der Anteil berufstätiger Frauen, die am liebsten auf ihre berufliche Tätigkeit verzichtet hätten, zwischen 14 und 15 Prozent und liegt heute nur noch bei 6 Prozent. In Ostdeutschland, wo die Berufstätigkeit von Frauen seit langem selbstverständlich ist, würden gerade 4 Prozent der berufstätigen Frauen gerne auf ihren Beruf verzichten und sich ausschließlich dem häuslichen Aufgabenbereich widmen *(Tabelle 8)*.

Tabelle 8:

Frauen sind gerne berufstätig

Frage:
Würden Sie eigentlich lieber nur Ihren Haushalt machen, oder arbeiten Sie gern (noch nebenbei)?

	Berufstätige Frauen Westdeutschland				Ostdeutschland
	1973	1976	1979	1992	1992
	%	%	%	%	%
Lieber nur meinen Haushalt	14	14	15	6	4
Arbeite gern	71	77	73	86	90
Unentschieden	15	9	12	8	6
	100	100	100	100	100

Erhebungseinheit: Bundesrepublik Deutschland, Berufstätige Frauen ab 16 Jahren.
Quelle: Allensbacher Archiv, IfD-Umfragen 2099, 3032, 3066, 5062.

Die Berufsfreude der Mehrheit berufstätiger Frauen ist außerordentlich groß. Gebeten, anhand einer elfstufigen Skala von – 5 (nur sehr ungern berufstätig) bis + 5 (ausgesprochen gern berufstätig) die eigene Beziehung zum Beruf zu beschreiben, stuft heute jede zweite berufstätige Frau in Westdeutschland ihre Berufsfreude als außerordentlich groß, auf den Skalenstufen + 4 oder + 5 ein, weitere 24 Prozent bei + 3; gerade ein Prozent ist ausgesprochen ungern berufstätig. In den letzten zehn Jahren hat sich der Anteil berufstätiger Frauen, die sehr gern berufstätig sind, in Westdeutschland von 43 auf 49 Prozent erhöht, in Ostdeutschland beträgt dieser Anteil 57 Prozent. Insgesamt geben 84 Prozent der westdeutschen und 91 Prozent der ostdeutschen Frauen an, daß sie gerne berufstätig sind *(Tabelle 9)*.

Tabelle 9:

Große Berufsfreude

Frage:
Einmal ganz allgemein gefragt: Wie gern sind Sie eigentlich berufstätig? Vielleicht sagen Sie es nach diesem Blatt mit den schwarzen und weißen Kästchen. Das oberste weiße Kästchen + 5 würde bedeuten: Sie sind ausgesprochen gern berufstätig, und das unterste schwarze Kästchen − 5: nur sehr ungern. Welches Kästchen würden Sie wählen? (Vorlage eines Bildblattes)

	Berufstätige Frauen Westdeutschland 1983		Westdeutschland 1992		Ostdeutschland 1992	
+ 5 (ausgesprochen gern berufstätig)	22		23		29	
+ 4	21		26		28	
+ 3	29	87	24	84	22	91
+ 2	12		7		9	
+ 1	3		4		3	
0	7		6		4	
− 1	1		2		1	
− 2	2		2		1	
− 3	1	5	2	7	1	3
− 4	x		x		x	
− 5 (nur sehr ungern berufstätig)	1		1		x	
Keine Angabe	1		3		2	
	100		100		100	
Im Durchschnitt	2,9		3,0		3,4	

Erhebungseinheit: Bundesrepublik Deutschland, Berufstätige Frauen ab 16 Jahren.
Quelle: Allensbacher Archiv, IfD-Umfragen 2226, 3216.

Zwar spielen materielle Gründe für die Berufstätigkeit von Frauen eine große Rolle, jedoch in erster Linie unter dem Aspekt Unabhängigkeit und nicht unter dem Aspekt Existenzsicherung. Knapp zwei Drittel der berufstätigen Frauen führen als Motiv für ihre Berufstätigkeit unter anderem den Wunsch an, selbst zu verdienen und dadurch unabhängiger zu werden. Materielle Zwänge, die Notwendigkeit, zum eigenen bzw. dem Unterhalt der Familie beizutragen, spielen dagegen nur bei 23 Prozent der westdeutschen und 43 Prozent der ostdeutschen Frauen (mit) eine Rolle. Nie werden materielle Gründe allein angeführt. Neben der materiellen Unabhängigkeit reizen berufstätige Frauen an ihrem Beruf vor allem die Möglichkeit, Kontakte zu anderen Menschen zu haben, die eigenen Fähigkeiten entfalten zu können, die Faszination des eigenen Berufs und die Abwechslung von den häuslichen Aufgaben. Die emotionale Bindung ostdeutscher Frauen an ihren Beruf ist weitaus größer als die westdeutscher. So nennen 41 Prozent der westdeutschen, 64 Prozent der ostdeutschen berufstätigen Frauen als einen ihrer Gründe für die Berufstätigkeit die Kontaktchancen zu anderen, 40 Prozent der westdeutschen, 57 Prozent der ostdeutschen berufstätigen Frauen den Wunsch, etwas zu leisten, die eigenen Fähigkeiten einzusetzen; 36 Prozent der westdeutschen, 53 Prozent der ostdeutschen berufstätigen Frauen begründen ihre berufliche Tätigkeit unter anderem schlicht und eindrucksvoll zugleich mit dem Satz »weil ich meinen Beruf liebe« *(Übersicht 1)*.

Auch der berufliche Ehrgeiz ostdeutscher Frauen ist größer als der berufstätiger Frauen in den alten Bundesländern. 44 Prozent der westdeutschen berufstätigen Frauen, 57 Prozent der ostdeutschen ist es wichtig, im Beruf etwas zu erreichen und weiterzukommen *(Tabelle 10)*.

Der geringere berufliche Ehrgeiz westdeutscher Frauen geht jedoch fast ausschließlich auf den hohen Anteil teilzeitbeschäftigter Frauen in Westdeutschland zurück. Der Übergang auf eine Teilzeitbeschäftigung bedeutet durch die Qualität der Teilzeitarbeitsplätze für viele Frauen den Abschied von beruflichen Ambitionen. Der Ehrgeiz ganztags berufstätiger westdeutscher Frauen entspricht weitgehend den Ambitionen ostdeutscher Frauen *(Übersicht 2)*.

Übersicht 1:

Motive für Berufstätigkeit der Frauen

	Berufstätige Frauen Westdeutschland %	Ostdeutschland %
Um eigenes Geld zu verdienen und damit von anderen unabhängig zu sein	63	64
Um Kontakte zu anderen Menschen zu bekommen	41	64
Um etwas zu leisten, meine Fähigkeiten einzusetzen	40	57
Damit wir uns mehr leisten können	39	64
Weil ich meinen Beruf liebe	36	53
Weil ich Abwechslung von meiner Hausarbeit brauche	31	38
Weil ich zum Unterhalt der Familie beitragen muß	23	43
Um Anerkennung zu finden, angesehen zu sein	14	19

Tabelle 10:

Größerer beruflicher Ehrgeiz in Ostdeutschland

Frage:
Würden Sie sagen, Sie wollen in Ihrem Beruf etwas erreichen, Sie wollen weiterkommen, oder ist Ihnen das nicht so wichtig?

	Berufstätige Frauen Westdeutschland 1992 %	Ostdeutschland 1992 %
Im Beruf etwas erreichen	44	57
Nicht so wichtig	45	30
Unentschieden	11	13
	100	100

Erhebungseinheit: Bundesrepublik Deutschland, Berufstätige Frauen ab 16 Jahren.
Quelle: Allensbacher Archiv, IfD-Umfragen 2220, 3216.

Übersicht 2:

Ambitionen berufstätiger Frauen im Ost-West-Vergleich

	Ganztags berufstätige Frauen		Teilzeit-beschäftigte Frauen	
	West	Ost	West	Ost
	%	%	%	%
Es haben berufliche Ambitionen	55	62	27	35

Die Gratifikationen der beruflichen Tätigkeit überwiegen für Frauen in den alten wie in den neuen Bundesländern bei weitem gegenüber den damit verbundenen Belastungen. Frauen schätzen an ihrem Beruf besonders die Bereicherung ihres Lebens, ihrer Erfahrungen, die finanzielle Unabhängigkeit, die Kontakte mit anderen Menschen, die Selbstbestätigung und die Möglichkeit, die eigenen Fähigkeiten sinnvoll einzusetzen. 64 Prozent der berufstätigen Frauen konstatieren, daß sie durch ihren Beruf selbstbewußter geworden sind und sich besser durchsetzen können; 57 Prozent haben das Gefühl, daß ihr Leben durch den Beruf mehr Sinn erhält. 47 Prozent sehen in dem Beruf eine Möglichkeit, auch über den größeren finanziellen Spielraum hinaus besser die eigenen Ziele und Vorstellungen verwirklichen zu können.

Die zusätzlichen Belastungen spielen demgegenüber eine deutlich geringere Rolle. Doch immerhin 29 Prozent der berufstätigen Frauen geben an, daß sie ihr Beruf sehr viel Kraft kostet; 16 Prozent fürchten, die Doppelbelastung von Beruf und Haushalt nicht mehr bewältigen zu können.

Benachteiligungen im Beruf wegen ihres Geschlechts kennt nur eine Minderheit aus eigener Erfahrung. 13 Prozent sind überzeugt, daß sie in ihrem Beruf als Mann mehr Chancen hätten; 6 Prozent haben schon einmal eine bestimmte Position oder berufliche Chance wegen ihres Geschlechts nicht bekommen. 5 Prozent der berufstätigen Frauen in Westdeutschland haben sich in ihrem Beruf öfter, weitere 25 Prozent ab und zu gegenüber Männern benachteiligt gefühlt; in

Ostdeutschland liegt dieser Anteil niedriger, bei 3 bzw. 19 Prozent *(Schaubild 3* und *Tabelle 11)*.

Tabelle 11:

Berufliche Diskriminierung

Frage:
Haben Sie sich im Beruf schon gegenüber Männern benachteiligt gefühlt?

	Berufstätige Frauen Westdeutschland %	Ostdeutschland %
Oft	5	3
Ab und zu	25	19
Selten, nie	68	76
Keine Angabe	2	2
	100	100

Erhebungseinheit: Bundesrepublik Deutschland, Berufstätige Frauen ab 14 Jahren.
Quelle: Allensbacher Archiv, IfD-Umfrage 3216.

Schaubild 3:

Subjektiver Stellenwert der Berufstätigkeit

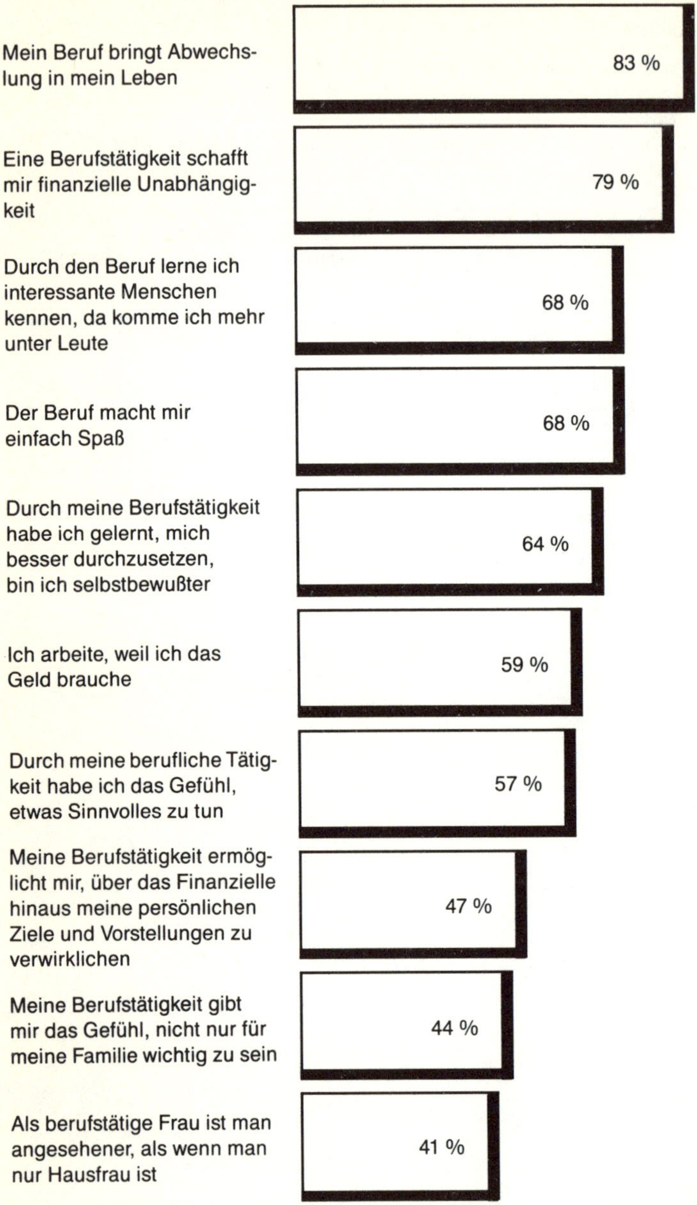

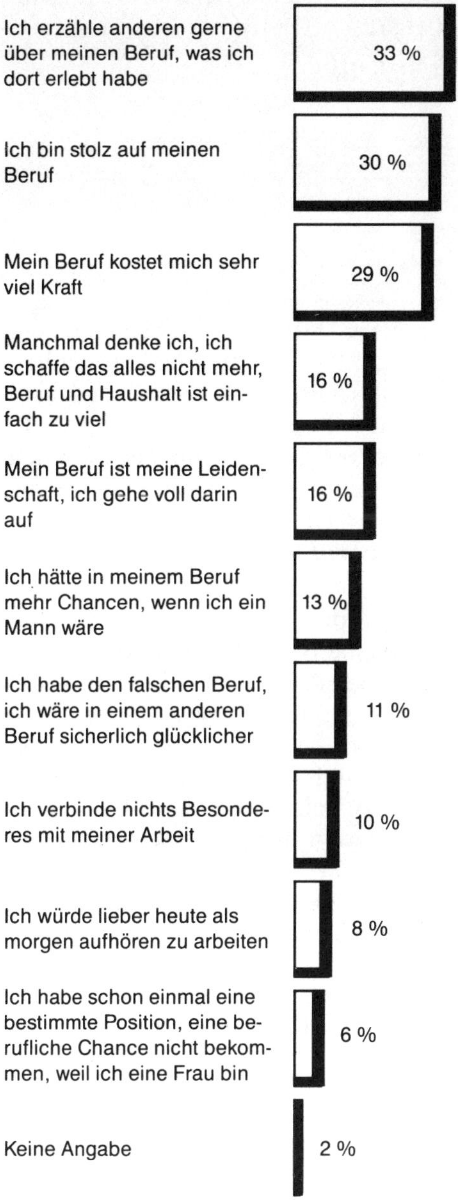

Erhebungseinheit: Bundesrepublik Deutschland. Berufstätige Frauen insgesamt.
Quelle: Allensbacher Archiv, IfD-Umfrage 3216.

3. Frauen zwischen Familie und Berufstätigkeit

Die Einstellungen zur Berufstätigkeit von Frauen sind zwiespältig. Als selbstverständlich nimmt die Mehrheit heute an, daß Frauen eine qualifizierte Berufsausbildung absolvieren und auch berufstätig sein sollen. Berufstätigkeit der Frau ist mittlerweile eine gesellschaftliche Norm. Diese Norm ist jedoch an eine Bedingung geknüpft: daß keine Konflikte mit den traditionellen Frauenrollen auftreten – der Rolle der Ehefrau, Hausfrau und Mutter.

Weniger als in anderen europäischen Ländern ist die deutsche Bevölkerung überzeugt, daß ein Hausfrauendasein genauso befriedigend ist wie eine Berufstätigkeit und daß ein Beruf letztlich für die Mehrheit der Frauen sekundär ist und ihr eigentliches Ziel Familie und Kinder[1] sind. Die deutsche Bevölkerung, insbesondere die westdeutsche, geht jedoch mehr als die Bevölkerung in anderen europäischen Ländern davon aus, daß Konflikte zwischen Beruf und Familie bei berufstätigen Müttern vorprogrammiert sind. 65 Prozent der europäischen, 80 Prozent der westdeutschen und 67 Prozent der ostdeutschen Bevölkerung vermuten, daß ein Kleinkind unter der Berufstätigkeit seiner Mutter leidet. Umgekehrt gehen 61 Prozent der europäischen, aber nur 39 Prozent der westdeutschen Bevölkerung davon aus, daß eine berufstätige Mutter ihrem Kind genauso viel Wärme und Sicherheit geben kann wie eine Mutter, die zumindest vorübergehend auf ihren Beruf verzichtet *(Tabellen 12–15)*. Im europäischen Vergleich wird ein polarisierendes Denken deutlich, das für die Behandlung der Vereinbarkeit von Fa-

1 Dieser europäische Vergleich stützt sich auf die Europäische Wertestudie, an der sich 1990/91 10 westeuropäische Länder beteiligten; in jedem Land wurden mindestens 1 000 Interviews durchgeführt. Allensbacher Archiv, IfD-Umfrage 2287.

milie und Beruf in Westdeutschland ungewöhnlich ausgeprägt ist. Familie und Beruf werden als konkurrierende Lebensbereiche angesehen, die zumindest in bestimmten Lebensphasen für eine Frau nur schwer vereinbar sind.

Tabelle 12:

Vorstellungen von Frauenrollen

Frage:
Man spricht oft davon, daß sich heutzutage die Rollen von Mann und Frau verändern. Ich lese Ihnen jetzt Verschiedenes vor und Sie sagen mir bitte zu jedem Punkt, wie sehr Sie zustimmen. Sie brauchen mir nur die Nummer auf der Liste anzugeben.

Ein Beruf ist gut, aber was die meisten Frauen wirklich wollen, ist ein Heim und Kinder	Bevölkerung insgesamt Europa insgesamt %		Deutschland West %		Ost %	
Stimme sehr zu	14	52	9	43	5	34
Stimme zu	38		34		29	
Stimme nicht zu	32	38	34	41	44	52
Stimme überhaupt nicht zu	6		7		8	
Weiß nicht	10		16		14	
	100		100		100	

Erhebungseinheit: Europa, Bevölkerung ab 18 Jahren.
Quelle: Allensbacher Archiv, IfD-Umfragen 2287, 3221.

Familie und Beruf zu vereinbaren, ist auch nach Ansicht der Mehrheit der Frauen immer noch ein Problem und oft nur dadurch möglich, daß einer der Lebensbereiche, in der Regel der Beruf, für längere Zeit zurückgestellt wird. In Westdeutschland dominiert die Überzeugung, daß eine Frau in der Phase, in der die Kinder klein sind, klare Prioritäten zugunsten der Familie setzen muß und in dieser Zeit entweder ganz aus dem Beruf ausscheiden oder auf eine Teilzeit-Tätigkeit übergehen muß:

»Man kann das nicht gut miteinander vereinbaren. Das klappt doch erst, wenn die Kinder größer sind. Wenn man sie alleine zu Hause lassen kann, wenn sie auch schon ein Essen kochen können, dann geht das. In dieser Zeit geht nur das eine oder das andere, Beruf oder Fami-

Tabelle 13:

Bewertung der Hausfrauenrolle

Frage:
Man spricht oft davon, daß sich heutzutage die Rollen von Mann und Frau verändern. Ich lese Ihnen jetzt Verschiedenes vor und Sie sagen mir bitte zu jedem Punkt, wie sehr Sie zustimmen. Sie brauchen mir nur die Nummer auf der Liste anzugeben.

Hausfrau zu sein ist genauso befriedigend wie eine Berufstätigkeit	Bevölkerung insgesamt					
	Europa insgesamt %		Deutschland West %		Ost %	
Stimme sehr zu	14	51	11	45	4	21
Stimme zu	37		34		17	
Stimme nicht zu	30	37	31	38	50	64
Stimme überhaupt nicht zu	7		7		14	
Weiß nicht	12		17		15	
	100		100		100	

Erhebungseinheit: Europa, Bevölkerung ab 18 Jahren.
Quelle: Allensbacher Archiv, IfD-Umfragen 2287, 3221.

lie. Für die Frauen ist das natürlich nicht so schön, aber für die Kinder.«

»Eine Frau kann Familie und Beruf schon miteinander verbinden, aber es wird ihr doch noch schwergemacht. Bei mir zum Beispiel arbeitet eine junge Frau, die hat ein Kind, das geht in den Kindergarten, und jetzt macht der Kindergarten freitags schon um drei Uhr zu, und sie muß aber bis vier Uhr arbeiten. Und da sagt man ihr immer wieder, dann müssen Sie eben weniger Stunden arbeiten, das ist nur ein Beispiel für viele.«

»Meine Erfahrung war, daß es sehr schwierig ist, Familie und Beruf zu vereinbaren. Ich hatte einen selbständigen Beruf, und ich konnte es nicht stundenweise machen, sondern entweder ganz oder gar nicht. Wenn ich mich sehr um meine Kinder bemühte, hatte ich ein schlechtes Gewissen in meinem Beruf und umgekehrt genauso. Das hat mich sehr belastet.«

»Das ist sehr schwer vereinbar, die Doppelbelastung ist zu groß, also habe ich mich für die Familie entschieden. Wenn man beides vereinbaren will, braucht man viel Unterstützung, das geht, wenn der Mann bereit ist, im Haushalt mitzuhelfen, vor allem, wenn die Kinder klein sind.«

Tabelle 14:

Berufstätigkeit und Mutterrolle (I)

Frage:
Man spricht oft davon, daß sich heutzutage die Rollen von Mann und Frau verändern. Ich lese Ihnen jetzt Verschiedenes vor und Sie sagen mir bitte zu jedem Punkt, wie sehr Sie zustimmen. Sie brauchen mir nur die Nummer auf der Liste anzugeben.

Ein Kleinkind wird wahrscheinlich darunter leiden, wenn die Mutter berufstätig ist

	Bevölkerung insgesamt Europa insgesamt %		Deutschland West %		Ost %	
Stimme sehr zu	20	65	31	80	18	67
Stimme zu	45		49		49	
Stimme nicht zu	26	30	13	14	27	28
Stimme überhaupt nicht zu	4		1		1	
Weiß nicht	5		6		5	
	100		100		100	

Erhebungseinheit: Europa, Bevölkerung ab 18 Jahren.
Quelle: Allensbacher Archiv, IfD-Umfragen 2287, 3221.

Kennzeichnend für die Situation ist ein Denken in Unvereinbarkeiten. Alte und neue Frauenrollen sind oberflächlich akzeptiert, werden aber für unvereinbar gehalten. Nach Ansicht der Bevölkerung, auch der Frauen selbst, muß sich eine Frau entscheiden, ob sie eine Vertreterin der »traditionellen« oder der »neuen« Frauenrolle sein möchte.

Die Mehrheit der Bevölkerung wie der Frauen in Westdeutschland ist nach wie vor überzeugt, daß sich berufliche Ambitionen und familiäre Aufgaben für eine Frau nur schlecht vereinbaren lassen. 55 Prozent der westdeutschen Bevölkerung, 57 Prozent der Frauen glauben, daß eine Frau, die gerne Kinder möchte, aber auch eine berufliche Karriere, sich letztlich für eines von beiden entscheiden muß. Nur langsam löst sich dieses polarisierende Denken auf, werden Familie und Beruf auch in Westdeutschland nicht mehr derart als unvereinbare Optionen von Frauen gesehen wie bisher *(Tabelle 16)*. Die Auflösung dieser

Tabelle 15:

Berufstätigkeit und Mutterrolle (II)

Frage:
Man spricht oft davon, daß sich heutzutage die Rollen von Mann und Frau verändern. Ich lese Ihnen jetzt Verschiedenes vor und Sie sagen mir bitte zu jedem Punkt, wie sehr Sie zustimmen. Sie brauchen mir nur die Nummer auf der Liste anzugeben.

Eine berufstätige Mutter kann ihrem Kind genausoviel Wärme und Sicherheit geben wie eine Mutter, die nicht arbeitet

	Bevölkerung insgesamt					
	Europa		Deutschland			
	insgesamt		West		Ost	
	%		%		%	
Stimme sehr zu	24	61	8	39	15	66
Stimme zu	37		31		51	
Stimme nicht zu	30	36	47	55	26	29
Stimme überhaupt nicht zu	6		8		3	
Weiß nicht	3		6		5	
	100		100		100	

Erhebungseinheit: Europa, Bevölkerung ab 18 Jahren.
Quelle: Allensbacher Archiv, IfD-Umfragen 2287, 3221.

Denkmuster läßt sich nicht nur aus der Trendanalyse ablesen, sondern auch aus den sehr unterschiedlichen Auffassungen jüngerer und älterer Frauen in dieser Frage. Von den unter 30jährigen glauben 46 Prozent, daß eine Frau sich letztlich zwischen Kindern und Karriere entscheiden muß, von den 45- bis 59jährigen 58 Prozent und von den 60jährigen und älteren 71 Prozent.

Die befragten ostdeutschen Frauen sahen in der Vereinbarkeit von Familie und Beruf weniger Probleme als die westdeutschen Frauen; 57 Prozent der westdeutschen, 44 Prozent der ostdeutschen Frauen gehen davon aus, daß sich Familie und berufliche Ambitionen nur schwer vereinbaren lassen *(Tabelle 17)*. Gleichzeitig wurde jedoch auch hier wieder die Furcht sichtbar, daß durch die Einheit und damit die Übernahme westdeutscher Lebensmuster und Regelungen die Situation schwieriger werden könnte:

Tabelle 16:

Entweder Kinder oder Karriere (I)

Frage:
Kürzlich sagte jemand: »Für Frauen gibt es nur die Möglichkeit, entweder Kinder großzuziehen oder beruflich Karriere zu machen. Wenn man als Frau das eine will, muß man auf das andere verzichten.« Würden Sie sagen, da ist etwas Wahres dran, oder würden Sie sagen, das stimmt nicht?

	Westdeutschland			
Bevölkerung insgesamt		Frauen		
	1986	1992	1986	1992
	%	%	%	%
Etwas Wahres dran	58	55	57	57
Stimmt nicht	32	35	35	33
Unentschieden	10	10	8	10
	100	100	100	100

Erhebungseinheit: Westdeutschland, Bevölkerung ab 16 Jahren.
Quelle: Allensbacher Archiv, IfD-Umfragen 4067, 5062.

Tabelle 17:

Entweder Kinder oder Karriere (II)

Frage:
Kürzlich sagte jemand: »Für Frauen gibt es nur die Möglichkeit, entweder Kinder großzuziehen oder beruflich Karriere zu machen. Wenn man als Frau das eine will, muß man auf das andere verzichten.« Würden Sie sagen, da ist etwas Wahres dran, oder würden Sie sagen, das stimmt nicht?

	Frauen	
	Westdeutschland	Ostdeutschland
	1992	1992
	%	%
Etwas Wahres dran	57	44
Stimmt nicht	33	45
Unentschieden	10	11
	100	100

Erhebungseinheit: Bundesrepublik Deutschland, Frauen ab 16 Jahren.
Quelle: Allensbacher Archiv, IfD-Umfrage 5062.

»Ich glaube, daß heute Familie und Beruf besser vereinbar sind als früher. Allerdings weiß ich nicht, wie das in Zukunft aussehen wird, vielleicht hat die ganze Sache für die Ostfrauen bald keine Bedeutung mehr, weil sie sowieso in die Hausfrauenrolle zurückgedrängt werden. Meinen Beruf und mein Privatleben konnte ich ganz gut vereinbaren. Ich habe mich im Laufe der Jahre an eine strenge Zeiteinteilung gewöhnt und mache jeden Abend noch Hausarbeit.«

»Ich konnte Familie und Beruf immer ganz gut vereinbaren. Es gab bei uns ja Krippen, Kindergärten und Schulhorte, und ich fand das gut. Hoffentlich wird das nicht alles abgeschafft. Meinen Kindern hat es in den Kindereinrichtungen immer gefallen, und ich glaube, sie sind dadurch auch nicht so verhätschelt. Ich denke, sie kommen ganz allgemein im Leben besser klar, weil sie eben nicht immer nur Mittelpunkt waren und wissen, daß man sich auch mal unterordnen muß.«

Weitaus weniger als die westdeutsche Bevölkerung erwartet die Bevölkerung in den neuen Bundesländern von Frauen, daß sie bei Konflikten zwischen dem privaten und beruflichen Bereich prinzipiell berufliche Ziele zurückstecken. Wenn eine junge Frau einen Beruf hat, der mehr Engagement fordert, als ihrem Partner lieb ist, plädieren 35 Prozent der westdeutschen, aber nur 23 Prozent der ostdeutschen Bevölkerung grundsätzlich dafür, daß die Frau dem Wunsch ihres Partners entsprechend beruflich zurückstekken sollte; 37 Prozent der westdeutschen, 52 Prozent der ostdeutschen Bevölkerung widersprechen dieser Forderung. Die Trendanalyse zeigt, daß sich die westdeutsche Bevölkerung in den letzten Jahren beträchtlich umorientiert hat. 1979 plädierte noch die Mehrheit der Bevölkerung dafür, daß bei Konflikten zwischen privaten und beruflichen Zielen grundsätzlich dem privaten Bereich der Vorrang eingeräumt werden sollte; am Beginn der achtziger Jahre war davon immerhin noch eine relative Mehrheit überzeugt. Erst Ende der achtziger Jahre überwog die Auffassung, daß auch eine Frau nicht grundsätzlich berufliche Ambitionen zugunsten der Familie zurückstellen sollte; allerdings deutet sich in den neuesten Ergebnissen eine wachsende Verunsicherung der Bevölkerung und auch der Frauen in dieser Frage an *(Tabellen 18 und 19)*.

Für die große Mehrheit der berufstätigen Frauen sind Konflikte zwischen Familie und Beruf allerdings ein hypothetischer Fall. 67 Prozent der berufstätigen Frauen in Westdeutschland, 59 Prozent in Ostdeutschland haben den Ein-

Tabelle 18:

Konflikte zwischen Familie und Beruf (I)

Frage:
Wie denken Sie über folgenden Fall: Eine junge Frau hat einen Beruf, der ihr großen Spaß macht, für den sie aber auch öfter mal Überstunden machen muß. Ihr Mann möchte aber, daß sie sich eine andere Arbeit sucht, die ihr mehr Zeit für das gemeinsame Privatleben läßt. Was würden Sie der jungen Frau raten – daß sie im Beruf ihrem Mann zuliebe zurückstecken soll, oder sollte sie das nicht tun?

	Westdeutschland			Ostdeutschland		
	Bev. insges.	Frauen	Männer	Bev. insges.	Frauen	Männer
	%	%	%	%	%	%
Sollte im Beruf zurückstecken	35	31	40	23	21	25
Sollte sie nicht tun	37	44	30	52	56	47
Unentschieden	28	25	30	25	23	28
	100	100	100	100	100	100

Erhebungseinheit: Bundesrepublik Deutschland, Bevölkerung ab 16 Jahren.
Quelle: Allensbacher Archiv, IfD-Umfrage 5062.

Tabelle 19:

Konflikte zwischen Familie und Beruf (II)

Frage:
Wie denken Sie über folgenden Fall: Eine junge Frau hat einen Beruf, der ihr großen Spaß macht, für den sie aber auch öfter mal Überstunden machen muß. Ihr Mann möchte aber, daß sie sich eine andere Arbeit sucht, die ihr mehr Zeit für das gemeinsame Privatleben läßt. Was würden Sie der jungen Frau raten – daß sie im Beruf ihrem Mann zuliebe zurückstecken soll, oder sollte sie das nicht tun?

	Westdeutschland							
	Bevölkerung insgesamt				Frauen			
	1979	1982	1988	1992	1979	1982	1988	1992
	%	%	%	%	%	%	%	%
Sollte im Beruf zurückstecken	52	44	38	35	49	42	32	31
Sollte sie nicht tun	30	38	45	37	33	42	52	44
Unentschieden	18	18	17	28	18	16	16	25
	100	100	100	100	100	100	100	100

Erhebungseinheit: Westdeutschland, Bevölkerung ab 16 Jahren.
Quelle: Allensbacher Archiv, IfD-Umfragen 3075, 4014, 5007, 5062.

druck, daß sie persönlich Beruf und Familie gut miteinander vereinbaren können, ohne daß in einem der beiden Bereiche nennenswerte Defizite entstehen. 21 Prozent der westdeutschen, 29 Prozent der ostdeutschen berufstätigen Frauen haben den Eindruck, daß ihre Berufstätigkeit aus dem familiären Bereich Zeit und Kräfte abzieht, die dort gebraucht werden; ernsthaft belastet fühlen sich durch diese Interessenkonflikte 7 Prozent der westdeutschen und 11 Prozent der ostdeutschen Frauen *(Tabelle 20)*.

Tabelle 20:

Konflikte zwischen Familie und Beruf (III)

Frage:
Haben Sie eigentlich das Gefühl, daß durch Ihre Berufstätigkeit im Haushalt, in der Familie etwas zu kurz kommt, oder läßt sich das alles gut vereinbaren?

Frage an Frauen, die dieses Gefühl haben:
Und wie sehr belastet Sie dieser Gedanke: stark oder nicht so stark?

	Berufstätige Frauen Westdeutschland 1992 %		Ostdeutschland 1992 %	
Habe das Gefühl, es kommt etwas zu kurz		21		29
und belastet –				
stark	7		11	
nicht so stark	14		17	
keine Angabe	x		1	
Gut vereinbaren		67		59
Unentschieden		12		12
		100		100

x = weniger als 0,5
Erhebungseinheit: Bundesrepublik Deutschland, Berufstätige Frauen ab 16 Jahren.
Quelle: Allensbacher Archiv, IfD-Umfragen 2220, 3216.

Kritischer äußern sich allerdings berufstätige Mütter kleiner Kinder, von denen 38 Prozent den Eindruck haben, daß Familie und Haushalt durch ihre Berufstätigkeit leiden. Berufstätige Mütter in den neuen Bundesländern berichten geringfügig häufiger als berufstätige Mütter kleiner Kinder in den alten Bundesländern von Problemen, die verschiedenen

Aufgabenbereiche zu vereinbaren; bei der Bewertung dieser Ergebnisse muß jedoch berücksichtigt werden, daß die Mehrheit der ostdeutschen Mütter ganztags berufstätig ist, während die überwältigende Mehrheit der Mütter in Westdeutschland eine halbtags- oder stundenweise Beschäftigung hat:

Übersicht 3:

Lassen sich Familie und Beruf vereinbaren?

	Berufstätige Frauen insgesamt %	Berufstätige Mütter kleiner Kinder insgesamt %	West %	Ost %
Es haben das Gefühl, Haushalt und Familie kommen durch die Berufstätigkeit zu kurz	23	38	37	40
Die verschiedenen Aufgabenbereiche lassen sich gut vereinbaren	65	51	53	46
Es sind unentschieden	12	11	10	14

Wenn ernste Konflikte zwischen Familie und Beruf auftreten, fällt die große Mehrheit die Entscheidung ohne zu zögern zugunsten der Familie. Jede vierte Frau in den alten wie neuen Bundesländern stand schon einmal in einer solchen Entscheidungssituation; nur eine kleine Minderheit hat sich in dieser Situation für den Beruf entschieden:

Übersicht 4:

Im Zweifelsfall Entscheidung für die Familie?

	Frauen Westdeutschland %	Ostdeutschland %
Es mußten sich schon einmal zwischen Beruf und Familie entscheiden	26	25
und haben sich entschieden für		
die Familie	20	17
den Beruf	5	7

Nur 11 Prozent der westdeutschen Bevölkerung, auch nur 11 Prozent der berufstätigen Frauen würden sich bei einem Konflikt zwischen Beruf und Familie grundsätzlich zugunsten des Berufs entscheiden, 62 Prozent bzw. 58 Prozent zugunsten der Familie. Auch ostdeutsche Frauen entscheiden sich in dieser Frage nicht wesentlich anders als westdeutsche. Die Höherbewertung der Familie ist jedoch keineswegs eine »typisch weibliche« Eigenschaft. Bei einem ernsten Konflikt zwischen dem beruflichen und privaten Bereich tendiert auch die Mehrheit der Männer eindeutig dazu, der Familie Vorrang einzuräumen *(Tabelle 21)*. Die Familie hat im Leben der Bevölkerung insgesamt einen höheren Stellenwert, bestimmt ihr Lebensgefühl stärker als der Beruf. Das gilt für Ostdeutschland wie für Westdeutschland. Wie wenig gerechtfertigt das in Westdeutschland über lange Zeit dominierende polarisierende Denken ist, wird auch daran deutlich, daß die ostdeutsche Bevölkerung nicht nur berufsorientierter, sondern zugleich familienorientierter ist als die westdeutsche.

Durch die zunehmende Berufsorientierung und Berufstätigkeit von Frauen ist eine einseitige Aufteilung häuslicher Aufgaben nicht mehr selbstverständlich. Die Unterstützung durch den Partner bei den häuslichen Aufgaben wird bereits seit langem von der überwältigenden Mehrheit der Bevölkerung und insbesondere der überwältigenden Mehrheit der Frauen prinzipiell positiv beurteilt. 1976 beurteilten 86 Prozent der Frauen eine zumindest begrenzte Aufgabenteilung im Haushalt positiv, heute 90 Prozent *(Tabelle 22)*.

In der Realität ist jedoch der Haushalt nach wie vor Domäne der Frau, insbesondere in Westdeutschland. Nur 26 Prozent der westdeutschen Frauen, die in einer festen Partnerschaft leben, werden bei der Hausarbeit regelmäßig oder zumindest häufig von ihrem Partner unterstützt; 52 Prozent erhalten nur gelegentlich Unterstützung, 20 Prozent bewältigen den Haushalt ganz allein. In Ostdeutschland berichten immerhin 42 Prozent der Frauen, daß ihnen ihr Partner häufig hilft, nur 8 Prozent, daß sie die häuslichen Aufgaben völlig allein bewältigen müssen. Interessanterweise weichen die Angaben von Frauen und Männern in Westdeutschland zur Aufgabenteilung im Haushalt beträchtlich voneinander

Tabelle 21:

Im Konfliktfall zugunsten der Familie

Frage:
Sie kennen das vielleicht, daß man sich manchmal entscheiden muß, was einem wichtiger ist; wenn Sie zwischen Beruf und Familie wählen müßten – was käme für Sie dann an erster Stelle?

	Westdeutschland Bev. insges. 1986 %	1992 %	Frauen insges. 1992 %	Berufstätige Frauen 1992 %	Männer 1992 %
Beruf	11	11	7	11	16
Familie	63	62	70	58	51
Unentschieden	26	27	23	31	33
	100	100	100	100	100

	Ostdeutschland Bev. insges. 1992 %	Frauen insges. 1992 %	Berufstätige Frauen 1992 %	Männer 1992 %
Beruf	13	9	11	18
Familie	58	66	61	48
Unentschieden	29	25	28	34
	100	100	100	100

Erhebungseinheit: Bundesrepublik Deutschland, Bevölkerung ab 16 Jahren.
Quelle: Allensbacher Archiv, IfD-Umfragen 4077, 5062.

ab. Während nur jede vierte Frau den Eindruck hat, daß ihr Partner ihr häufig hilft, sind immerhin 37 Prozent der Männer überzeugt, daß sie wesentlich zur Bewältigung der häuslichen Aufgaben beitragen *(Tabelle 23)*.

Selbst von den ganztags berufstätigen westdeutschen Frauen erhält nur jede dritte regelmäßig Unterstützung bei der Hausarbeit, von den nicht-berufstätigen Frauen 19 Prozent. Auch bei Untersuchungen aus den siebziger und achtziger Jahren fiel wiederholt auf, wie wenig eine ganztägige Berufstätigkeit der Frau zu einer grundlegenden Umorientierung bei der Aufteilung der häuslichen Pflichten führt. In

Tabelle 22:

Männer und Hausarbeit

Frage:
Wenn Sie von einer Familie hören, wo der Mann seiner Frau regelmäßig bei der Hausarbeit hilft: Würden Sie sagen, das gefällt Ihnen oder gefällt Ihnen nicht?

	Westdeutschland Bevölkerung insgesamt			Frauen		
	1976 %	1979 %	1992 %	1976 %	1979 %	1992 %
Gefällt mir	80	77	82	86	89	90
Gefällt mir nicht	12	11	5	9	4	3
Unentschieden	8	12	13	5	7	7
	100	100	100	100	100	100

Erhebungseinheit: Westdeutschland, Bevölkerung ab 16 Jahren.
Quelle: Allensbacher Archiv, IfD-Umfragen 3023, 3075, 5062.

Ostdeutschland ist die Aufgabenteilung im Haushalt praktisch unabhängig davon, ob die Frau berufstätig ist oder nicht. Generell ist in Ostdeutschland die partnerschaftliche Aufgabenteilung verbreiteter als in Westdeutschland, sowohl in Familien, in denen die Frau berufstätig ist, als auch in Familien nicht-berufstätiger Frauen. Faßt man noch einmal nach und prüft, welcher Partner das Gros der häuslichen Aufgaben zu bewältigen hat, wird allerdings deutlich, daß auch in Ostdeutschland der Haushalt in erster Linie eine Domäne der Frau ist und auch die ganztags berufstätigen Frauen den größten Teil der Hausarbeit zu bewältigen haben. Lediglich jede vierte berufstätige Frau in West- wie in Ostdeutschland berichtet von einer wirklich partnerschaftlichen Aufgabenteilung. Entsprechend ist die Doppelbelastung durch berufliche und häusliche Aufgaben nach wie vor in erster Linie ein Kennzeichen der Situation von Frauen *(Tabellen 24 und 25)*.

Tabelle 23:

Aufgabenteilung im Haushalt

Frage:
Hilft Ihnen Ihr Mann/Partner (Ihre Frau/Partnerin) manchmal bei der Hausarbeit oder nicht?

	Frauen mit Partner Westdeutschland %	Ostdeutschland %
Ja, häufig	26	42
Ja, gelegentlich	52	48
Nein	20	8
Keine Angabe	2	2
	100	100

	Männer mit Partnerin Westdeutschland %	Ostdeutschland %
Ja, häufig	37	49
Ja, gelegentlich	54	46
Nein	7	5
Keine Angabe	2	x
	100	100

Erhebungseinheit: Bundesrepublik Deutschland, Frauen und Männer ab 16 Jahren mit Partner(in).
Quelle: Allensbacher Archiv, IfD-Umfrage 5062.

Tabelle 24:

Hausarbeit nach wie vor Domäne der Frauen (I)

Frage:
Hilft Ihnen Ihr Mann/Partner manchmal bei der Hausarbeit oder nicht?

	Westdeutschland Berufstätige Frauen insges. %	ganztags %	Nicht-Berufstätige Frauen %
Ja, häufig	32	34	19
Ja, gelegentlich	52	50	53
Nein	14	13	25
Keine Angabe	2	3	3
	100	100	100

	Ostdeutschland Berufstätige Frauen insges. %	ganztags %	Nicht-Berufstätige Frauen %
Ja, häufig	44	46	39
Ja, gelegentlich	49	45	47
Nein	5	6	13
Keine Angabe	2	3	1
	100	100	100

Erhebungseinheit: Bundesrepublik Deutschland, Frauen ab 16 Jahren mit Partner.
Quelle: Allensbacher Archiv, IfD-Umfrage 5062.

Tabelle 25:

Hausarbeit nach wie vor Domäne der Frauen (II)

Frage an Frauen, deren Mann/Partner häufig bzw. gelegentlich bei der Hausarbeit hilft:
Wer macht das meiste – Sie oder Ihr Mann/Ihr Partner, oder teilen Sie sich die Hausarbeit etwa halb und halb auf?

	Westdeutschland Berufstätige Frauen insges. %	ganztags %	Nicht-Berufstätige Frauen %
Ich mache das meiste	58	45	60
Mein Mann/mein Partner macht das meiste	2	3	1
Halb und halb	17	26	8
Ganz verschieden	6	9	2
Keine Angabe	1	1	1
Es erhalten überhaupt keine Mithilfe im Haushalt	16	16	28
	100	100	100

	Ostdeutschland Berufstätige Frauen insges. %	ganztags %	Nicht-Berufstätige Frauen %
Ich mache das meiste	59	54	66
Mein Mann/mein Partner macht das meiste	2	1	2
Halb und halb	21	25	13
Ganz verschieden	9	10	5
Keine Angabe	1	1	x
Es erhalten überhaupt keine Mithilfe im Haushalt	8	9	14
	100	100	100

Erhebungseinheit: Bundesrepublik Deutschland, Frauen ab 16 Jahren mit Partner.
Quelle: Allensbacher Archiv, IfD-Umfrage 5062.

4. Frauen und Familienorientierung

Die Entschlossenheit der großen Mehrheit der Frauen (wie der Männer), sich in einem ernsten Konflikt zwischen beruflichen und familiären Interessen zugunsten der Familie zu entscheiden, ist ein Indiz für die Rangfolge dieser Lebensbereiche. Die gestiegene Berufsorientierung und Berufsfreude von Frauen hat wenig an der zentralen Bedeutung von Partnerschaft und Familie geändert; der berufliche Bereich ist hinzugetreten, nicht an die Stelle anderer Lebensinhalte gerückt. Schon in den wörtlich protokollierten Vorgesprächen ließ die Mehrheit der Gesprächspartnerinnen keinen Zweifel daran, daß die Familie für sie einen ganz besonderen Stellenwert hat und ihr Lebensgefühl stärker beeinflußt als andere Lebensbereiche:

> »Meine Familie ist mir sehr wichtig, dann meine Ehe. Solange es da stimmt, kann mir alles andere egal sein, alles andere läßt sich schon meistern.«

> »Das wichtigste ist mir eine gesunde Familie, das ist das allerwichtigste, eine harmonische Ehe, in der es zwar ruhig mal Probleme geben kann, die man dann aber löst.«

> »Partnerschaft und Familie sind mir sehr wichtig. Ich möchte nicht ohne Partner leben, auch nicht ohne Familie. Meine Familie ist immer für mich da und ich bin immer für meine Familie da.«

> »Für mich ist es wichtig, daß ich einen ordentlichen Mann finde, der zu mir steht, und daß ich eine glückliche Familie habe. Ich möchte sozial abgesichert sein und auch noch halbtags meinen Beruf ausüben, da wäre ich zufrieden. Aber Familie ist mir das wichtigste, ich könnte nicht allein sein.«

Die Familie gilt für die überwältigende Mehrheit der gesamten Bevölkerung wie der Frauen als unabdingbare Voraussetzung für wirkliches Lebensglück. Diese Einschätzung hat sich über die letzten 40 Jahre hinweg nur geringfügig verändert. 1953 waren 77 Prozent der westdeutschen Frauen überzeugt, daß eine Familie unabdingbar ist, um glücklich zu leben, 1979 73 Prozent, heute 70 Prozent; in Ostdeutschland sind heute 86 Prozent der Frauen überzeugt, daß Lebensglück ohne Familie nicht möglich ist *(Tabelle 26)*.

Tabelle 26:

Familie und Lebensglück

Frage:
Glauben Sie, daß man eine Familie braucht, um wirklich glücklich zu sein – oder glauben Sie, man kann allein genauso glücklich leben?

	Frauen Westdeutschland 1953 %	Frauen Westdeutschland 1979 %	Frauen Westdeutschland 1991 %	Ostdeutschland 1991 %
Man braucht eine Familie	77	73	70	86
Allein kann man genauso glücklich leben	16	17	15	8
Allein kann man glücklicher sein	1	x	2	x
Unentschieden	6	10	13	6
	100	100	100	100

x = weniger als 0,5 Prozent.
Erhebungseinheit: Bundesrepublik Deutschland, Frauen im Alter von 18 bis 79 Jahren.
Quelle: Allensbacher Archiv, IfD-Umfragen 225, 1287, 3210.

Den Beruf hält dagegen nur eine kleine Minderheit der Bevölkerung, auch der Frauen, für eine Grundvoraussetzung eines glücklichen Lebens. 10 Prozent der westdeutschen Bevölkerung, 14 Prozent der Frauen sind überzeugt, daß das Lebensglück einer Frau heute von einer beruflichen Tätigkeit abhängt. Diese Einstellungen haben sich in den letzten Jahren kaum verändert, auch 1979 hielten nur 10 Prozent der Bevölkerung einen Beruf für eine Grundbedingung eines glücklichen Lebens. Die ostdeutsche Bevölkerung veranschlagt den Wert des Berufs wesentlich höher als die westdeutsche Bevölkerung. 31 Prozent der ostdeutschen Bevölkerung, 37 Prozent der Frauen sind überzeugt, daß eine Frau heute berufstätig sein muß, um glücklich zu leben *(Tabelle 27)*.

Auch wenn nur eine kleine Minderheit den Beruf als

Tabelle 27:

Beruf und Lebensglück

Frage:
Glauben Sie, daß eine Frau heute berufstätig sein muß, um glücklich zu sein?

	Westdeutschland Bevölkerung insges.		Frauen	Männer	Ostdeutschland Bev. insges.	Frauen	Männer
	1979 %	1992 %	1992 %	1992 %	1992 %	1992 %	1992 %
Ja	10	10	14	5	31	37	26
Nein	62	57	55	59	29	27	31
Unentschieden, kommt darauf an	28	33	31	36	40	36	43
	100	100	100	100	100	100	100

Erhebungseinheit: Bundesrepublik Deutschland, Bevölkerung ab 16 Jahren.
Quelle: Allensbacher Archiv, IfD-Umfragen 3075, 5062.

Grundbedingung eines glücklichen Lebens sieht, gilt der Beruf als eine der wesentlichen Glücksquellen: Die Berufstätigkeit wird nicht im selben Maße wie eine Familie oder Kinder als notwendige Bedingung für ein erfülltes Leben gesehen, doch sogar noch mehr als Kinder als eine mögliche Quelle von Lebenszufriedenheit. 64 Prozent der westdeutschen Frauen rechnen einen Beruf, der Freude macht, zu den wesentlichen Quellen von Lebenszufriedenheit, 59 Prozent Kinder. Die wichtigsten Voraussetzungen für ein glückliches Leben sind jedoch aus der Sicht der Frauen Gesundheit, eine glückliche Ehe bzw. Partnerschaft und allgemein Menschen zu haben, von denen man geliebt wird. Danach folgen eine befriedigende berufliche Tätigkeit, Kinder, Erfolg im Beruf und Freunde haben. Die Frauen in Ostdeutschland stellen weitgehend die gleiche Rangfolge her wie Frauen in Westdeutschland; interessanterweise veranschlagen sie jedoch sowohl den Wert des Berufs als auch die Bedeutung von Kindern als Quelle von Lebenszufriedenheit und Glück höher als westdeutsche Frauen. Die Einstellungen ostdeutscher Frauen zeigen, daß eine verstärkte Berufsorientierung von Frauen nicht zu Lasten der Familienorientierung und Einstellung zu Kindern gehen muß *(Tabelle 28)*. Die größeren Schwierigkeiten in den alten Bundesländern, Familie und Beruf zu vereinbaren, tragen zweifelsohne mit dazu bei, daß westdeutsche Frauen mehr als ostdeutsche für sich persönlich eine klare Rangfolge dieser Lebensbereiche bilden und sie nicht als gleichwertig empfinden.

Tabelle 28:

Glücksquellen aus der Sicht von west- und ostdeutschen Frauen

Frage:
Was glauben Sie, was macht einen Menschen glücklich, was ist eine Quelle des Glücks? Sagen Sie es mir bitte nach dieser Liste hier. (Vorlage einer Liste)

	Frauen Westdeutschland %	Ostdeutschland %
Gesundheit	92	96
Eine glückliche Ehe/Partnerschaft	84	86
Menschen, die einen lieben	77	82
Eine Familie	74	85
Einen Beruf, in dem man aufgeht, der einem Freude macht	64	76
Kinder haben	59	77
Erfolg im Beruf	58	73
Viele Freunde haben	53	55
Gutes tun, anderen helfen	52	63
Ein schönes Hobby	47	46
Viel Geld haben	41	50
Glaube, religiöse Überzeugung	34	19
Keine Angabe	2	2

Erhebungseinheit: Bundesrepublik Deutschland, Frauen ab 16 Jahren.
Quelle: Allensbacher Archiv, IfD-Umage 5062.

Die allgemeine Einschätzung, was zu einem erfüllten Leben beiträgt, und die persönlichen Glücksquellen klaffen teilweise beträchtlich auseinander, am weitesten bei der Berufstätigkeit. Annähernd zwei Drittel der westdeutschen Frauen gehen davon aus, daß ein Beruf zu einem erfüllten Leben beiträgt, aber nur 35 Prozent, daß eine berufliche Tätigkeit ihr eigenes Leben erfüllter macht. Der Grund für diese Kluft liegt jedoch in erster Linie in der Berufstätigenquote und im hohen Anteil berufstätiger Frauen, die noch in relativ niedrig qualifizierten Berufen tätig sind. Von den berufstätigen Frauen geben 51 Prozent an, daß der Beruf zu ihrem persönlichen Lebensglück beiträgt.

An der Spitze der persönlichen Glücksquellen stehen die Gesundheit, Menschen zu haben, von denen man geliebt wird, eine glückliche Ehe bzw. Partnerschaft, Familie und Kinder. Den Einfluß von Geld und beruflichem Erfolg wie auch von religiösen Überzeugungen auf das eigene Leben veranschlagt dagegen die Mehrheit der westdeutschen Frauen gering. Interessanterweise trennen westdeutsche Frauen zwischen dem Wert eines Berufs, der Freude macht, und beruflichem Erfolg; eine Trennung, die so weder Männer noch ostdeutsche Frauen vollziehen. Dadurch schätzen Männer und Frauen in den alten Bundesländern gerade die Bedeutung von beruflichem Erfolg für das eigene Leben außerordentlich verschieden ein:

Übersicht 5:

Persönliche Glücksquellen westdeutscher Frauen und Männer/Auszug

	Westdeutschland	
	Frauen %	Männer %
Menschen, die einen lieben	70	59
Eine glückliche Partnerschaft	69	67
Kinder haben	48	41
Gutes tun, anderen helfen	43	34
Viele Freunde haben	42	41
Einen Beruf, in dem man aufgeht, der einem Freude macht	35	51
Ein schönes Hobby	32	48
Erfolg im Beruf	27	52
Viel Geld haben	20	32

Auch bei den persönlichen Glücksquellen zeigt sich, daß ostdeutsche Frauen nicht nur weit überdurchschnittlich berufsorientiert, sondern auch überdurchschnittlich familienorientiert sind. Sowohl der Beruf allgemein als auch beruflicher Erfolg als auch Kinder nehmen in ihrem Leben einen größeren Raum ein *(Tabelle 29)*.

Tabelle 29:

Persönliche Glücksquellen

Frage:
Was davon macht Sie persönlich glücklich? (Vorlage einer Liste)

	Frauen Westdeutschland %	Ostdeutschland %
Gesundheit	82	86
Menschen, die einen lieben	70	69
Eine glückliche Ehe/Partnerschaft	69	75
Eine Familie	62	72
Kinder haben	48	65
Gutes tun, anderen helfen	43	56
Viele Freunde haben	42	43
Einen Beruf, in dem man aufgeht, der einem Freude macht	35	49
Ein schönes Hobby	32	30
Erfolg im Beruf	27	47
Glaube, religiöse Überzeugung	26	15
Viel Geld haben	20	32
Keine Angabe	2	2

Erhebungseinheit: Bundesrepublik Deutschland, Frauen ab 16 Jahren.
Quelle: Allensbacher Archiv, IfD-Umfrage 5062.

In der langfristigen Perspektive wird deutlich, daß die Abhängigkeit von den privaten Beziehungen, von Familie und Freunden kontinuierlich wächst. Wenn heute die überwältigende Mehrheit der Bevölkerung davon ausgeht, daß das eigene Lebensglück neben der Gesundheit besonders von einer glücklichen Partnerschaft und der Existenz von Menschen, von denen man geliebt wird, abhängt, so war dies keineswegs immer so ausgeprägt. Vor vier Jahrzehnten fühlte sich die Bevölkerung weitaus weniger abhängig von den Beziehungen zu Familie und Freunden. Die Vorstellung, häufig allein ohne Familie und Freunde sein zu müssen, schreckte damals die Mehrheit nicht. 1953 waren 49 Prozent der Bevölkerung überzeugt, daß sie in ihrer Lebenszufriedenheit gravierend beeinträchtigt würden, wenn sie häufiger ohne Familie und Freunde sein müßten; 1979 schreckte diese Vorstellung dagegen schon 58 Prozent, am Beginn der neunziger Jahre 65 Prozent. Der ostdeutschen Bevölkerung ist die Vorstellung, häufig ohne Familie und Freunde sein zu müssen, noch unbehaglicher als der westdeutschen *(Tabelle 30)*.

Die wachsende Bedeutung sozialer Kontakte spiegelt sich auch in der Größe des Bekanntenkreises. Der Anteil der Bevölkerung, der nur über einen kleinen Bekanntenkreis verfügt, ist in den letzten Jahrzehnten beträchtlich gesunken. Zu Beginn der fünfziger Jahre beschrieben noch 36 Prozent der westdeutschen Frauen und 28 Prozent der Männer ihren Bekanntenkreis als sehr begrenzt, heute dagegen nur noch 15 Prozent der Frauen und 7 Prozent der Männer *(Tabelle 31)*.

Immer wieder wurde der Begriff »Harmonie« in den Gesprächen über Lebensziele und Lebensinhalte erwähnt. Ein harmonisches Familienleben, harmonische Beziehungen zu Freunden und anderen Menschen, die Vermeidung von Auseinandersetzungen, Konflikten und Aggressivität spielen in den Lebenszielen – und damit auch in den Lebensängsten – von Frauen eine große Rolle. Da Menschen und zwischenmenschliche Beziehungen für Frauen nachweislich einen höheren Stellenwert haben als für Männer, hängen ihr Lebensgefühl und ihre Lebenszufriedenheit auch stärker von der Qualität ihrer Kontakte und Beziehungen zu anderen ab, als das bei Männern der Fall ist. Entsprechend ist auch eine intensive und harmonische Kommunikation mit anderen für Frauen von größerer Bedeutung:

> »Wichtig ist mir, daß ich ernstgenommen werde und daß man meine Meinung akzeptiert. Wichtig ist mir, daß meine Freunde, mein Mann, meine Familie mit mir reden und mich nicht nur als Hausfrau sehen.«

> »Es bedeutet mir sehr viel, wenn ich mich mit meinem Partner aussprechen kann. Partner und Kinder sind für mich sehr wichtig, vor allem, daß man sich gut untereinander versteht.«

> »Verständnis und Toleranz ist mir sehr wichtig, ich bin gegen aggressive Auseinandersetzungen, ich will Offenheit, aber keinen Krieg in der Familie. Von mir aus harte Diskussionen, aber keine Aggressionen.«

> »Ich brauche Harmonie und Freundschaften, um zufrieden zu sein.«

Tabelle 30:

Einstellungen zum Alleinsein

Frage:
Wenn Sie häufig allein sein müßten ohne Ihre Familie und ohne Ihre Freunde: Würden Sie dann unglücklich sein oder nicht?

	Bevölkerung insgesamt				Frauen			
	Westdeutschland			Ostdeutschland	Westdeutschland			Ostdeutschland
	1953	1979	1991	1991	1953	1979	1991	1991
	%	%	%	%	%	%	%	%
Würde unglücklich sein	49	58	65	78	49	57	67	79
Würde nicht unglücklich sein	51	42	35	22	51	43	33	21
	100	100	100	100	100	100	100	100

Erhebungseinheit: Bundesrepublik Deutschland, Bevölkerung ab 18 Jahren.
Quelle: Allensbacher Archiv, IfD-Umfragen 225, 1287, 3210.

Tabelle 31:

Zunehmende Zahl sozialer Kontakte

Frage:
Haben Sie viel oder wenig Bekannte?

	Westdeutschland					
	Frauen			Männer		
	1953	1979	1990	1953	1979	1990
	%	%	%	%	%	%
Viel	39	40	45	52	48	51
Mittel	24	42	37	20	36	41
Wenig	36	18	15	28	16	7
Keine Angabe	1	x	3	x	x	1
	100	100	100	100	100	100

x = weniger als 0,5 Prozent.
Erhebungseinheit: Westdeutschland, Bevölkerung ab 18 Jahren.
Quelle: Allensbacher Archiv, IfD-Umfragen 225, 1287, 5034.

Die quantitative Befragung bestätigte das ausgeprägte Harmoniestreben von Frauen. Ihr Wohlbefinden hängt – eine intakte Gesundheit vorausgesetzt – vor allem von intakten und harmonischen Beziehungen zu anderen Menschen, besonders ihrem Partner ab *(Schaubild 4)*.

Nur auf den ersten Blick scheint der Beruf für das Wohlbefinden von Frauen von untergeordneter Bedeutung. Analysiert man jedoch getrennt berufstätige und insbesondere ganztags berufstätige Frauen, wird deutlich, daß ihr Wohlbefinden in hohem Maße auch von einem intakten Arbeitsumfeld abhängt:

Übersicht 6:

Wohlbefinden und Arbeitsumfeld

	Frauen insgesamt	Berufstätige Frauen Westdeutschland		Ostdeutschland	
		ganztags	teilzeit	ganztags	teilzeit
	%	%	%	%	%
Es fühlen sich wohl, wenn es im Beruf gut läuft	44	76	58	80	66

Auch materielle Aspekte sind keineswegs unwichtig. 41 Prozent der westdeutschen, 50 Prozent der ostdeutschen Frauen zählen Geld zu den wesentlichen Einflußfaktoren auf das Lebensglück von Menschen; für sich persönlich mochten es allerdings nur 20 Prozent der westdeutschen und 32 Prozent der ostdeutschen als wesentlichen Einflußfaktor gelten lassen. Immerhin 53 Prozent gaben jedoch an, daß der Erwerb materieller Dinge zu ihrem Wohlbefinden beiträgt. Auch in den Vorgesprächen wurden häufig materielle Ziele genannt, allerdings oft auch relativiert. Viele der Gesprächspartnerinnen nannten spontan eine befriedigende materielle Situation, teilweise auch materiellen Besitz als wesentliche Lebensinhalte, schränkten jedoch teilweise sofort ein, daß ihr Lebensgefühl davon nicht entscheidend abhängt. Auffallend war aber, wie einseitig der Begriff Lebensqualität als befriedigender materieller Standard interpretiert wird:

»Lebensqualität bedeutet für mich, daß ich nicht jeden Pfennig rumdrehen muß, daß ich zufrieden bin und es mir finanziell einigermaßen gutgeht.«

»Gesicherte Finanzen sind mir wichtig, kein Reichtum, sondern gutes Mittelmaß, daß man keine Sorgen zu haben braucht.«

»Lebensqualität heißt für mich gut zu leben, daß es uns gutgeht, daß wir uns ein bißchen Luxus leisten können und nicht einschränken müssen.«

»Wichtig ist mir, daß ich das, was ich mir wünsche, mir auch weitgehend erfüllen kann. Es sind so die kleinen Sachen, die einem Freude bereiten, zum Beispiel mal zusammen essen gehen und einfach vergessen, daß man es sich eigentlich doch noch nicht so leisten kann.«

»Meine Zufriedenheit hängt nicht ausschließlich vom materiellen Wohlstand ab, aber Geld ist schon sehr wichtig, um sich gut zu ernähren, ordentlich zu kleiden, zu reisen und sein Leben kultiviert zu leben.«

Der höhere Stellenwert materieller Ziele in Ostdeutschland ist nicht ein Anzeichen einer materialistischeren Grundhaltung, sondern spiegelt die anderen ökonomischen Verhältnisse, die niedrigeren Einkommen, die Verunsicherung über die Entwicklung von Einkommen und Preisen und auch den Nachholbedarf der Bevölkerung in den neuen Bundesländern wider.

Die materielle Lage der Bevölkerung trennt die alten und neuen Bundesländer heute noch scharf; 56 Prozent der Be-

Schaubild 4:

Quellen von Wohlbefinden

Ich fühle mich wohl, wenn . . .

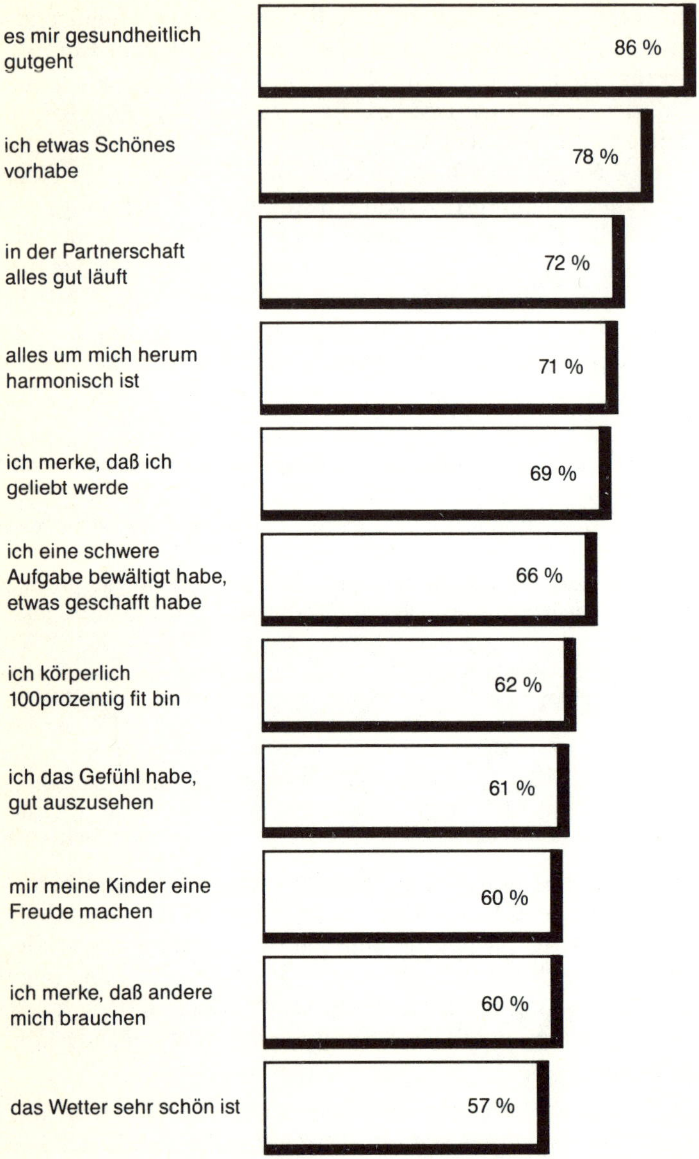

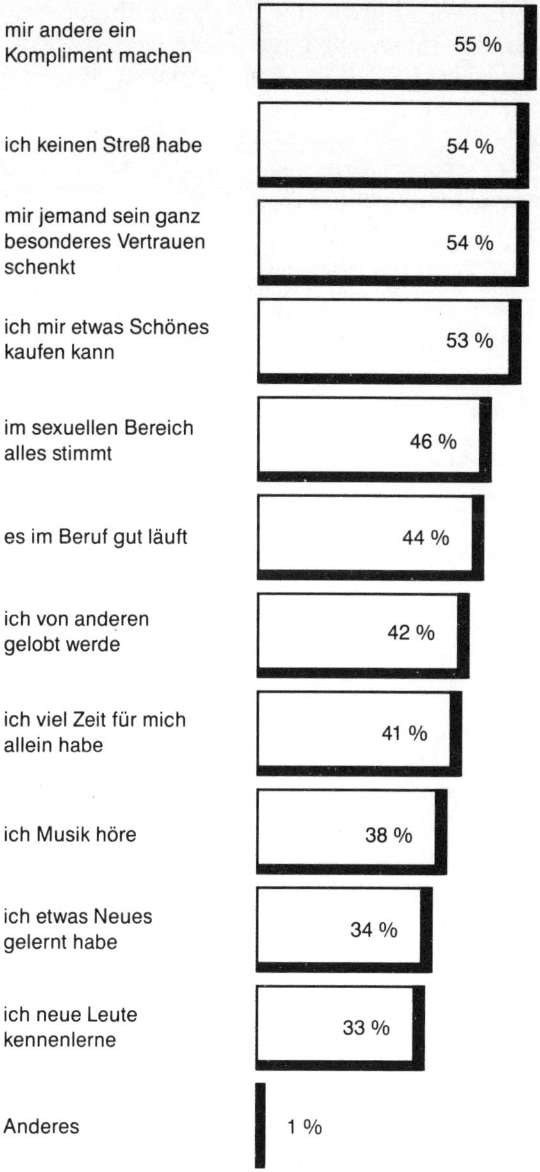

Erhebungseinheit: Bundesrepublik Deutschland, Frauen ab 16 Jahren.
Quelle: Allensbacher Archiv, IfD-Umfrage 3216.

völkerung in den alten, 32 Prozent in den neuen Bundesländern beschreiben ihre finanzielle Lage als gut oder sehr gut, 29 Prozent in den alten, 46 Prozent in den neuen Bundesländern als mittelmäßig:

Übersicht 7:

Einstufung der eigenen wirtschaftlichen Lage

	Bevölkerung in Westdeutschland %	Ostdeutschland %
Sehr gut	4	1
Gut	52	31
Teils gut, teils schlecht	29	46
Eher schlecht	12	16
Schlecht	2	5
Weiß nicht, keine Angabe	1	1
	100	100

5. Frauen und Kinderwunsch

Deutschland wird in Analysen oft als kinderfeindliches Land apostrophiert. Die Einstellungen der Bevölkerung rechtfertigten diese Einschätzung nie. In allen zu diesem Thema vorliegenden Umfragen bekundet die große Mehrheit der Bevölkerung und insbesondere der Frauen eine kinderfreundliche Haltung. Diese Haltung prägte auch die Intensivinterviews. Unter den befragten Frauen bestand weitgehender Konsens, daß Kinder das Leben bereichern und Elternschaft zu den eindrucksvollsten Erfahrungen gehört. Besonders Frauen, die bereits Kinder haben, betonten, daß sie sich ein Leben ohne Kinder nicht vorstellen können, es als zweitklassiges, armes Leben empfänden:

»Ein Leben ohne Kinder wäre für mich ein armes Leben. Ich bejahe das Leben meines Kindes und freue mich über jedes Kind, das ich sehe. Ich spreche sehr viel mit unseren Kindern und erkenne auch ihr Bedürfnis, gehört werden zu wollen, mit all den Belangen, die so an einem Tag anfallen. Für mich sind Kinder eine Bereicherung, über die ich mich freuen kann, mit denen ich lachen kann, spielen, ja sogar streiten kann, im positiven Sinne, nämlich in der Argumentation.«

»Kinder zu haben ist eine sehr schöne Lebensphase. Sie nehmen einem zwar viel Zeit, aber ich habe es nie bereut, Kinder zu haben, es war immer schön.«

»Kinder sind eine große Bereicherung. Der Tag, an dem mein erstes Kind geboren wurde, war der schönste Tag meines Lebens. Man weiß, daß man Belastungen mit Kindern hat, man hat aber auch soviel Freude und soviel Schönes, das hebt alles auf.«

»Kinder sind auf jeden Fall eine Bereicherung, ein Segen, wenn sie gesund und munter sind. Manchmal sage ich mir zwar: In welche Welt hast Du eigentlich das Kind gesetzt, aber eine Bereicherung war meine Tochter von Anfang an. Sie wird es bleiben, denn wir verstehen uns sehr gut. Ein Kind zu haben, bedeutet für mich wach zu sein, aufzupassen, daß unsere Welt nicht noch chaotischer wird, soweit es in meinen Kräften steht.«

Auch unter den befragten (noch) kinderlosen Frauen dominierten klar eine positive Haltung zu Kindern und die Vorstellung, daß Kinder ein wesentlicher Bestandteil ihres zukünftigen Lebens sein werden:

»Ich finde es sehr wichtig, Kinder zu haben. Im Moment könnte ich mir nicht vorstellen, keine zu haben. Zwei bis drei Kinder hätte ich gern.«

»Ein Kind oder noch besser zwei Kinder werden mein Leben sicher bereichern. Natürlich ist es auch ein Opfer, und ich ziehe vor jeder Frau den Hut, die das schafft, denn wenn Frauen mitarbeiten müssen, sind zwei Kinder eine große Aufgabe. Aber ich denke, ich bringe das. Zwei Kinder möchte ich schon haben.«

Frauen, die sich ausdrücklich von Kinderwünschen distanzierten, waren unter den Gesprächspartnerinnen eine rare Ausnahme:

»Kinder zu haben halte ich für eine echte Aufgabe, schwer, aber interessant. Kinder sind klasse – aber nicht für mich. Ich bin kein ausgesprochener Familientyp. Nach recht gemischten Erfahrungen über mehrere Jahre bin ich momentan an einer festen Partnerschaft nicht interessiert. (. . .) Kinder müssen aber in einer festen Beziehung aufwachsen, in diesem Fall befürworte ich eine Ehe. Ich persönlich möchte keine eigene Familie gründen. Nebenbei möchte ich aber anmerken, daß ich eine gefragte Kinderbetreuerin bin und diese Aufgabe auch gern übernehme. Ich mag Kinder sehr gerne, doch möchte ich keine eigenen.«

Mehr als der Beruf gelten Kinder als entscheidende Glücksquelle. 31 Prozent der westdeutschen, 55 Prozent der ostdeutschen Bevölkerung sind überzeugt, daß eine Frau Kinder haben muß, um glücklich zu leben. Wenn die Frage nicht darauf abstellt, ob Kinder eine unabdingbare Voraussetzung des Lebensglücks einer Frau sind, sondern darauf, ob Kinder zum Lebensglück einer Frau beitragen, wird die Haltung der Bevölkerung noch eindeutiger. Die Mehrheit der westdeutschen Frauen und die überwältigende Mehrheit der ostdeutschen ist überzeugt, daß eine Frau mit Kindern glücklicher lebt als eine Frau ohne Kinder. 55 Prozent der westdeutschen, 73 Prozent der ostdeutschen Frauen sind davon überzeugt. In Ostdeutschland wird hier interessanterweise eine schärfere Trennung zwischen Männern und Frauen gezogen als in Westdeutschland. Generell überwiegt in West- wie in Ostdeutschland die Auffassung, daß auch das Leben eines Mannes durch Kinder wesentlich bereichert wird. Die Bedeutung von Kindern für das Lebensglück von Männern wird jedoch nicht ganz so hoch veranschlagt wie bei Frauen, insbesondere in Ostdeutschland: Während 73 Prozent der ostdeutschen Frauen überzeugt sind, daß Kinder wesentlich zum Lebensglück von Frauen beitragen, gehen nur 55 Prozent davon aus, daß Kinder auch das Leben eines Mannes wesentlich bereichern; die westdeutsche Bevölkerung, auch westdeutsche Frauen trennen in dieser Frage weitaus weniger zwischen Männern und Frauen *(Tabelle 32–34)*.

Tabelle 32:

Kinder und Lebensglück (I)

Frage:
Glauben Sie, daß eine Frau Kinder haben muß, um glücklich zu sein?

	Westdeutschland			Ostdeutschland		
	Bev. insges. %	Frauen %	Männer %	Bev. insges. %	Frauen %	Männer %
Ja	31	33	29	55	60	50
Nein	40	41	38	20	18	22
Unentschieden, kommt darauf an	29	26	33	25	22	28
	100	100	100	100	100	100

Erhebungseinheit: Bundesrepublik Deutschland, Bevölkerung ab 16 Jahren.
Quelle: Allensbacher Archiv, IfD-Umfrage 5062.

In den alten Bundesländern wird der Stellenwert von Kindern für das individuelle Lebensglück von den verschiedenen Generationen sehr unterschiedlich gesehen. Je jünger die Frauen sind, desto weniger sind sie überzeugt, daß Kinder das Leben einer Frau bzw. eines Mannes grundsätzlich bereichern und Eltern glücklicher leben als kinderlose Paare. So sind 67 Prozent der 60jährigen und älteren westdeutschen Frauen überzeugt, daß Kinder das Lebensglück einer Frau positiv beeinflussen, aber nur 52 Prozent der 40- bis 49jährigen, 46 Prozent der 21- bis 29jährigen. In den neuen Bundesländern gibt es hier dagegen kaum Unterschiede zwischen den verschiedenen Frauengenerationen; mit Aus-

Tabelle 33:

Ostdeutsche Frauen kinderorientierter

Frage:
Einmal ganz allgemein gefragt: Welche Frau wird wohl Ihrer Meinung nach alles in allem glücklicher sein, eine Frau mit Kindern oder eine Frau ohne Kind?

	Frauen Westdeutschland			Ostdeutschland	
	1988*	1991	1992	1991	1992
	%	%	%	%	%
Eine Frau mit Kindern	53	56	55	79	73
Eine Frau ohne Kind	2	2	2	1	2
Hängt nicht von Kindern ab	33	33	33	17	19
Unentschieden, weiß nicht	12	9	10	3	6
	100	100	100	100	100

* Nur Baden-Württemberg.
Erhebungseinheit: Bundesrepublik Deutschland, Frauen ab 16 Jahren.
Quelle: Allensbacher Archiv, IfD-Umfragen 2282, 3216, 5059.

Tabelle 34:

Bedeutung von Kindern für einen Mann

Frage:
Und wie ist das wohl im allgemeinen bei Männern? Welcher Mann wird alles in allem glücklicher sein, ein Mann, der Kinder hat, oder ein Mann, der keine Kinder hat?

	Frauen West-deutschland		Ost-deutsch-land
	1988*	1992	1992
	%	%	%
Ein Mann, der Kinder hat	44	47	55
Ein Mann, der keine Kinder hat	4	4	4
Hängt nicht von Kindern ab	34	34	26
Unentschieden, weiß nicht	18	15	15
	100	100	100

* Nur Baden-Württemberg.
Erhebungseinheit: Bundesrepublik Deutschland, Frauen ab 16 Jahren.
Quelle: Allensbacher Archiv, IfD-Umfragen 2282, 3216.

nahme der unter 20jährigen, deren Meinungsbild in allem, was Ehe und Familie betrifft, noch nicht festgefügt ist, sind in allen Altersgruppen mehr als 70 Prozent der ostdeutschen Frauen überzeugt, daß Kinder das Leben einer Frau grundsätzlich bereichern *(Tabelle 35)*.

Nur eine verschwindende Minderheit der Frauen, 5 Prozent in Westdeutschland, 2 Prozent in Ostdeutschland, hält grundsätzlich die kinderlose Ehe für ideal. Auch die – weitverbreitete – Familie mit einem Einzelkind wird grundsätzlich nur von einer Minderheit favorisiert. Das Ideal der Mehrheit, insbesondere der ostdeutschen Frauen, ist die Zwei-Kinder-Familie: 54 Prozent der westdeutschen, 65 Prozent der ostdeutschen Frauen halten zwei Kinder für ideal; immerhin 28 Prozent der westdeutschen und 15 Prozent der ostdeutschen Frauen beziffern die ideale Kinderzahl einer Familie mit drei Kindern und mehr *(Schaubild 5)*.

Während die Kleinfamilie mit ein bis zwei Kindern in Ostdeutschland noch ausgeprägter favorisiert wird als in Westdeutschland, ist gleichzeitig die reale Kinderzahl im Verhältnis zur Bevölkerung größer als in Westdeutschland. Die durchschnittliche Kinderzahl von Familien mit Kindern unterscheidet sich nur wenig; der Unterschied in der Kinderzahl geht in erster Linie darauf zurück, daß Kinderwünsche in Ostdeutschland bisher konsequenter realisiert wurden und kinderlose Paare seltener sind als in Westdeutschland. 68 Prozent der westdeutschen, 77 Prozent aller ostdeutschen Frauen ab 14 Jahre haben Kinder. Besonders groß ist die Diskrepanz in der Altersgruppe der 21- bis 29jährigen Frauen: In diesem Alter haben 38 Prozent der westdeutschen, aber 68 Prozent der ostdeutschen Frauen bereits mindestens ein Kind; von den 30- bis 39jährigen Frauen haben dann 77 Prozent in den alten und 94 Prozent in den neuen Bundesländern Kinder; bei den 40- bis 49jährigen beträgt die Relation 85 : 92 Prozent. Ostdeutsche Frauen bekommen bzw. bekamen bisher ihre Kinder zu einem früheren Zeitpunkt als westdeutsche Frauen. Ein Grund dafür waren die besseren Chancen, in der ehemaligen DDR mit einem Kind eine eigene Wohnung zu erhalten; vor allem schlägt sich hier jedoch die bessere Vereinbarkeit von Fami-

Tabelle 35:

Kinder und Lebensglück (II)

Frage:
Einmal ganz allgemein gefragt: Welche Frau wird wohl Ihrer Meinung nach alles in allem glücklicher sein, eine Frau mit Kindern oder eine Frau ohne Kind? Und wie ist das wohl im allgemeinen bei Männern: Welcher Mann wird alles in allem glücklicher sein, ein Mann, der Kinder hat, oder ein Mann, der keine Kinder hat?

Es sind überzeugt, daß	Frauen in Westdeutschland im Alter von						Frauen in Ostdeutschland im Alter von					
	14–20 Jahren %	21–29 Jahren %	30–39 Jahren %	40–49 Jahren %	50–59 Jahren %	60 Jahren u. älter %	14–20 Jahren %	21–29 Jahren %	30–39 Jahren %	40–49 Jahren %	50–59 Jahren %	60 Jahren u. älter %
– eine Frau mit Kindern glücklicher wird als ohne Kinder	40	46	48	52	60	67	42	71	77	71	79	79
– ein Mann mit Kindern glücklicher wird als ohne Kinder	33	42	44	43	51	55	31	52	57	55	61	58

Erhebungseinheit: Bundesrepublik Deutschland, Frauen ab 14 Jahren.
Quelle: Allensbacher Archiv, IfD-Umfrage 3216.

Schaubild 5:

Die ideale Kinderzahl

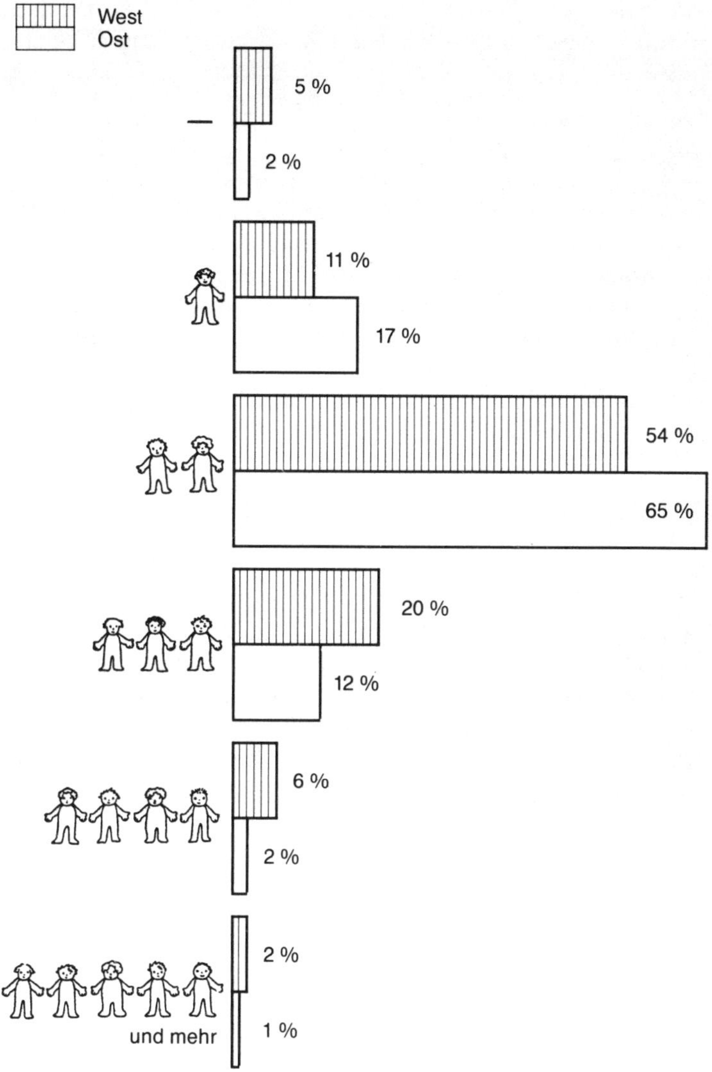

Erhebungseinheit: Bundesrepublik Deutschland, Frauen ab 14 Jahren.
Quelle: Allensbacher Archiv, IfD-Umfrage 3216.

lie und Beruf nieder, durch die die Geburt des ersten Kindes in der Regel nicht einen Ausstieg aus dem Beruf erforderte. 77 Prozent der ganztags berufstätigen Frauen in den neuen Bundesländern haben Kinder, aber nur 36 Prozent der ganztags berufstätigen Frauen in Westdeutschland *(Schaubild 6)*.

Die schlechtere Vereinbarkeit von Familie und Beruf in den alten Bundesländern verschiebt den Zeitpunkt, zu dem das erste Kind geboren wird. Dieser Aspekt wird in der Diskussion um die Vereinbarkeit von Familie und Beruf bisher zu wenig beachtet. Da eine qualifizierte Berufsausbildung und zumindest einige Jahre Berufserfahrung auch in Westdeutschland als unabdingbar gelten, gleichzeitig jedoch Ausbildung bzw. Beruf und Kinder schlecht vereinbar sind, ist die Mehrzahl der Frauen in der zweiten Hälfte der zwanzig, häufig Ende 20 oder Anfang 30, ehe die Geburt des ersten Kindes in den Lebensplan »paßt«. Diese Verlagerung des Zeitpunktes der ersten Geburt trägt jedoch dazu bei, daß ein Teil der vorhandenen Kinderwünsche nicht realisiert wird. Die Diskrepanz zwischen Kinderwünschen und der realisierten Kinderzahl ist in den alten Bundesländern größer als in den neuen.

Nur eine Minderheit hält das zur Erklärung der niedrigen westdeutschen Geburtenziffern oft angeführte Argument, viele Paare seien der Auffassung, daß es angesichts der heutigen Lebensverhältnisse nicht mehr zu verantworten sei, ein Kind in diese Welt zu setzen, für stichhaltig. 1978 stimmten 12 Prozent dieser Auffassung zu, 1991 24 Prozent, heute 16 Prozent. Frauen und Männer unterscheiden sich in dieser Frage nur marginal. In Ostdeutschland ist zur Zeit allerdings ein überdurchschnittlicher Anteil, 25 Prozent aller Frauen überzeugt, daß die heutigen gesellschaftlichen Verhältnisse nicht geeignet sind, um Kinder zu bekommen. Die gesellschaftliche Umbruchsituation prägt die Einstellungen erkennbar. Von ihrer Grundhaltung her sind ostdeutsche Frauen wie die gesamte ostdeutsche Bevölkerung nach wie vor überdurchschnittlich kinderorientiert, so daß der starke Rückgang der Geburtenziffern in Ostdeutschland in den letzten zwei Jahren in erster Linie auf die Unsicherheiten und Anstrengungen zurückzuführen ist, die mit

Schaubild 6:

Mehr Kinder in Ostdeutschland *

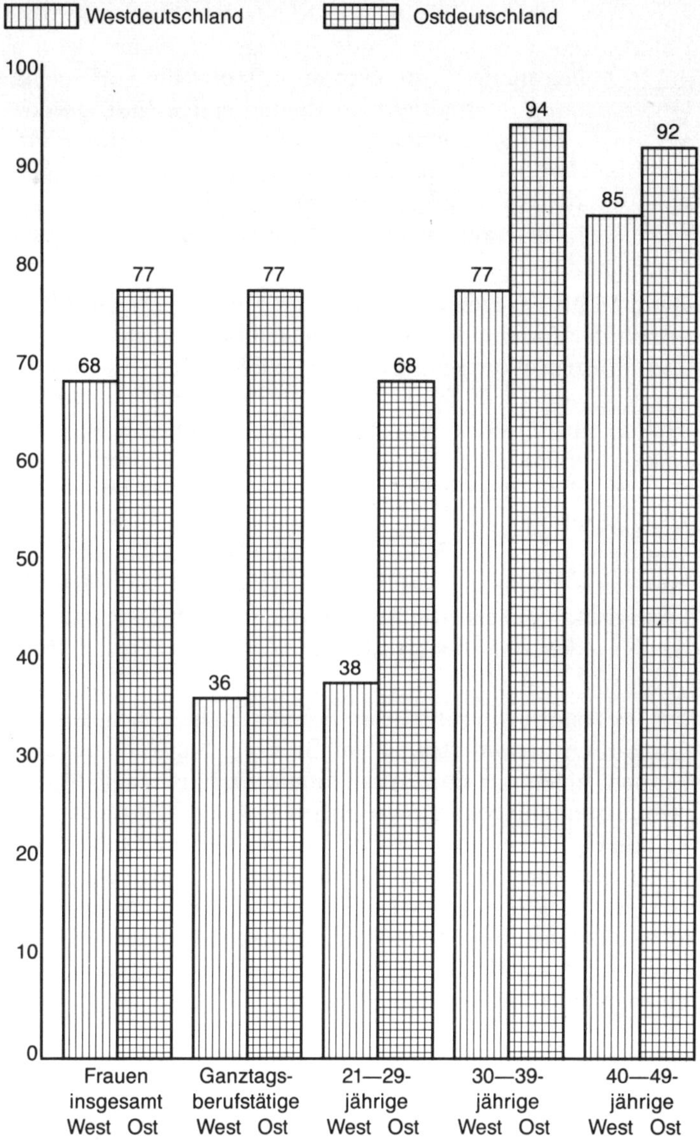

* (Angaben: Frauen mit Kindern in %)

Quelle: Allensbacher Archiv, IfD-Umfrage 3216

dem völligen Umbau von Wirtschaft und Gesellschaft verbunden sind *(Tabelle 36)*.

Die These, daß die Bindung ostdeutscher Frauen an ihre Familie und speziell ihre Kinder geringer ist, da der Beruf in ihrem Leben mehr Raum einnimmt, stützt die vorliegende Untersuchung nicht. Vielmehr deuten einige Indizien darauf hin, daß Frauen in den neuen Bundesländern ihre Familie unbelasteter erleben, noch uneingeschränkter genießen, sich durch die familiären Interessen und Verpflichtungen noch weniger eingeschränkt fühlen als Frauen in Westdeutschland.

Generell überwiegen für Frauen mit Kindern die Gratifikationen der Familie bei weitem gegenüber den Belastungen und Einschränkungen. Familie bedeutet für Frauen mit Kindern vor allem Spaß an der Entwicklung der Kinder, Freude am Zusammensein mit der Familie, lieben und geliebt werden, eine Quelle von Lebenssinn, Sicherheit und Geborgenheit, das Gefühl, gebraucht zu werden und gleichzeitig Menschen zu haben, auf die man zählen kann. 80 Prozent der Frauen mit Kindern haben Spaß an der Entwicklung ihrer Kinder, 70 Prozent vermittelt die Familie Lebenssinn, Sicherheit und Geborgenheit, für 54 Prozent ist die Familie das beherrschende Zentrum ihres Lebens *(Schaubild 7)*.

Die Belastungen durch die Familie halten sich für die große Mehrheit in erträglichen Grenzen. Nur 6 Prozent der Frauen fühlen sich durch die Familie überanstrengt, 14 Prozent zu sehr eingeengt. Zwar haben 46 Prozent ihrer Familie bereits Opfer gebracht, doch läßt die Mehrheit davon keinen Zweifel daran, daß ihnen die Gratifikationen der Familie diese Opfer wert waren. Ostdeutsche Frauen mit Kindern betonen hingegen die Gratifikationen der Familie noch mehr, die Belastungen und Einschränkungen weniger als westdeutsche.

Tabelle 36:

Lebensverhältnisse und Kinderwunsch

Frage:
Wenn jemand sagt: »Man kann es heute gar nicht verantworten, ein Kind in diese Welt zu setzen« – würden Sie da zustimmen oder nicht zustimmen?

	Westdeutschland Bevölkerung insgesamt					Ostdeutschland Bevölkerung insgesamt	Westdeutschland Frauen insgesamt					Ostdeutschland Frauen insgesamt
	1978	1984	1986	1991	1992	1992	1978	1984	1986	1991	1992	1992
	%	%	%	%	%	%	%	%	%	%	%	%
Zustimmen	12	18	15	24	16	22	12	17	14	25	17	25
Nicht zustimmen	75	63	72	60	67	61	75	65	74	58	68	59
Unentschieden	13	19	13	16	17	17	13	18	12	17	15	16
	100	100	100	100	100	100	100	100	100	100	100	100

Quelle: Allensbacher Archiv, IfD-Umfragen 3059, 4043, 4068, 5048, 5062.

Schaubild 7:

Gratifikationen und Belastungen durch die Familie

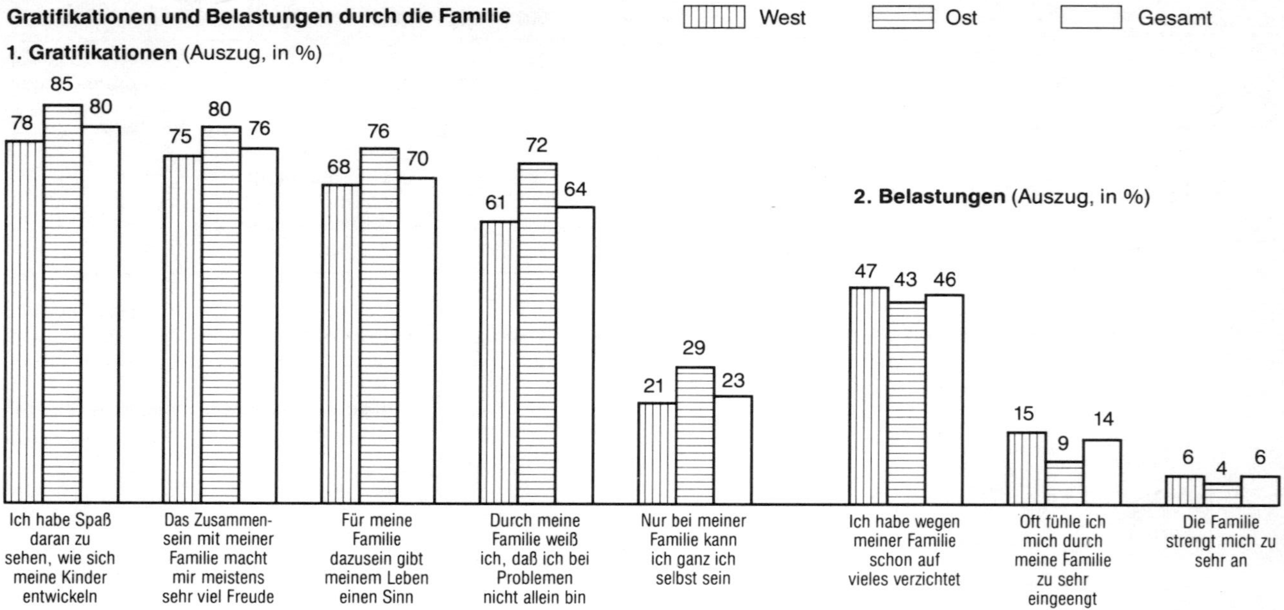

Erhebungseinheit: Bundesrepublik Deutschland, Frauen mit Kindern.
Quelle: Allensbacher Archiv, IfD-Umfrage 3216.

6. Frauen und Partnerschaft, Sexualität und Verhütung

Mit an der Spitze der Faktoren, die als entscheidend für das eigene Lebensglück eingestuft werden, steht die glückliche Partnerschaft. Die Scheidungsstatistiken belegen, daß in der überwiegenden Zahl der Scheidungen die Frauen die Scheidung einreichen. Die Familiensoziologie hat sich mit diesem Phänomen intensiv beschäftigt und als entscheidendes Motiv gerade die große Bedeutung identifiziert, die Frauen der Partnerschaft beimessen. Frauen haben höhere und umfassendere Erwartungen an eine Partnerschaft, und die Qualität der Partnerschaft beeinflußt ihr Lebensgefühl stärker als das von Männern; entsprechend können Frauen sich auch schwerer damit abfinden, wenn eine Partnerschaft nicht ihren Erwartungen entspricht und für sie unbefriedigend verläuft. Eine Scheidung steht in der Regel nicht für eine grundsätzliche Absage an die Ehe, sondern bedeutet eine Absage an eine bestimmte, als unbefriedigend empfundene Bindung, um für eine neue Partnerschaft frei zu sein.

Partnerprobleme belasten Frauen mehr als alles andere, mehr als Krankheiten, Ärger mit den Kindern, mangelnde Anerkennung der eigenen Leistung oder berufliche Belastungen. 64 Prozent der Frauen belastet es besonders, wenn Probleme in der Beziehung zu ihrem Partner auftauchen *(Schaubild 8)*.

Die befragten Frauen formulierten ihre Erwartungen an eine Partnerschaft sehr klar: Zuneigung, Offenheit, Vertrauen, Toleranz und eine Partnerschaft, die Raum läßt für die Entwicklung des einzelnen, statt einzuengen:

> »Man muß Vertrauen zueinander haben, das ist ganz wichtig. Alles andere basiert eigentlich darauf.«

> »Für mich ist wichtig, daß man gegenseitig offen ist, daß man sich ge-

Schaubild 8:

Situationen, die Frauen schwer belasten

Schwer zu schaffen macht mir, wenn ich ...

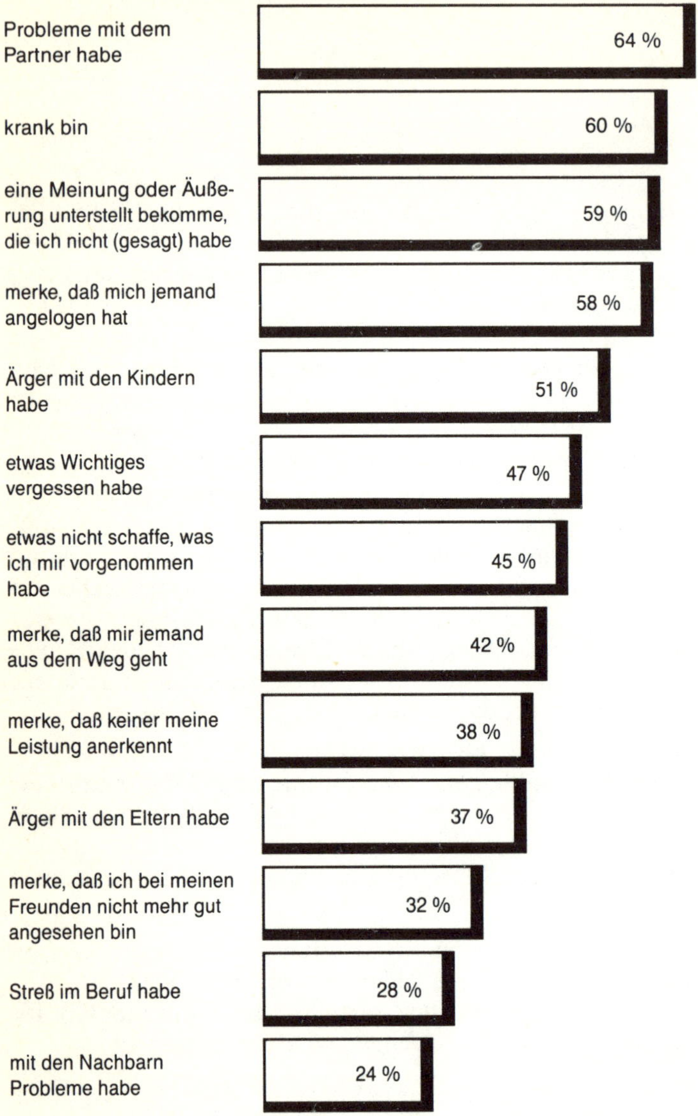

Erhebungseinheit: Bundesrepublik Deutschland, Frauen ab 14 Jahren.
Quelle: Allensbacher Archiv, IfD-Umfrage 3216.

genseitig alles sagt, daß man füreinander da ist, daß man aber immer noch man selbst sein kann in der Partnerschaft, nicht daß man seine eigene Identität mit der Partnerschaft aufgibt, sondern im Gegenteil: Ich denke, daß die Partnerschaft dazu da ist, daß jeder zu sich selbst finden kann. Aber natürlich finde ich auch wichtig, daß man mit dem anderen auch mitlebt und sich wirklich austauscht.«

»Zuneigung und Liebe gehören dazu, das Gefühl, daß man akzeptiert wird.«

»Eine Partnerschaft steht und fällt mit Vertrauen und Toleranz. Toleranz vor allem eben auch in Fragen der beruflichen Entwicklung des Partners. Man sollte darauf achten, daß sich jeder der Partner auch beruflich entwickeln kann. An mangelnder Toleranz ist meine Ehe gescheitert.«

»Für mich ist gemeinsames Erleben wichtig, Liebe und Kinder, gemeinsame Interessen. Für ganz wichtig halte ich die eheliche Treue.«

»Ganz wichtig ist, daß man nicht das Gefühl hat, Besitz des anderen zu sein oder den anderen besitzen zu wollen, sondern eine Partnerschaft ist etwas, das täglich neu gewonnen werden muß. Es ist nichts Festes und nichts Bleibendes, sondern es muß immer daran gearbeitet werden. Das ist etwas, was ich bei den heutigen Partnerschaften nicht verstehe, daß sie oft bei den ersten Schwierigkeiten auseinanderrennen.«

In vielen der Gespräche wurde die Gleichberechtigung der Partner als wesentliche Voraussetzung einer glücklichen Partnerschaft genannt, der Wunsch, als Frau in einer Partnerschaft denselben Freiraum und dasselbe Gewicht zu haben wie der Mann:

»Besonderen Wert lege ich in der Partnerschaft auf die Gleichberechtigung, ich meine, daß jeder seine Meinung sagen kann, daß man vieles gemeinsam macht, aber auch wiederum vieles alleine unternehmen kann, so daß jeder seinen Freiraum hat.«

»Für besonders wichtig halte ich, daß beide Partner gleichberechtigt miteinander leben, viele Dinge gemeinsam durchsprechen, alles zu gleichen Teilen erledigen, bei der Arbeit wie in der Freizeit.«

»Für mich ist in einer Ehe oder Partnerschaft wichtig, daß Gleichberechtigung herrscht, daß jeder in der Partnerschaft gleiche Rechte hat, daß nicht nur der eine Rechte hat und der andere sich zurückhalten muß. Die anstehenden Pflichten, zum Beispiel die Hausarbeit, sollten gemeinsam erledigt werden. Wenn die Frau als Hausfrau tätig ist, sollte der Mann auch über ihre Arbeit Bescheid wissen, denn Hausarbeit ist auch harte Arbeit. Einer sollte die Arbeit des anderen achten und schätzen. Es kann nicht sein, daß einer der beiden der Größte und Beste ist.«

Offenheit, gegenseitige Unterstützung, Zuneigung und gemeinsame, partnerschaftliche Aufgabenbewältigung und Entscheidungen stehen für Frauen an der Spitze ihrer Idealvorstellungen von einer guten Partnerschaft. So ist es 84 Prozent besonders wichtig, daß alle Fragen und Probleme offen besprochen werden können; drei Viertel legen besonderen Wert auf gegenseitige Unterstützung und eine enge gefühlsmäßige Bindung. 70 Prozent halten es für ein entscheidendes Charakteristikum einer guten Partnerschaft, daß sich beide Partner gleichermaßen für die Kinder verantwortlich fühlen, zwei Drittel, daß beide Partner sich gegenseitig bei ihren Aufgaben entlasten, ebenso viele, daß über größere Ausgaben gemeinsam entschieden wird.

Persönlichen Freiraum und die Möglichkeit, eigene Interessen zu verwirklichen, halten Frauen in einer Partnerschaft für wichtiger als übereinstimmende Interessen. 53 Prozent der Frauen halten in einer Partnerschaft den persönlichen Freiraum für besonders wichtig, 46 Prozent die Möglichkeit, ohne Schwierigkeiten eigene Interessen zu verwirklichen; dagegen sind nur 32 Prozent überzeugt, daß die Qualität einer Partnerschaft in besonderem Maße von der Übereinstimmung der Interessen abhängt *(Schaubild 9)*.

Eine Partnerschaft wird in erster Linie als emotionale Heimat, Entfaltungsraum und Solidargemeinschaft gesehen, dagegen kaum als »Weltanschauungsgemeinschaft«, in der sich Partner mit gleichen Interessen und Anschauungen zusammenfinden. Dies wird besonders deutlich an den Vorstellungen, was eine Partnerschaft gefährden kann: Mangel an Treue und Offenheit, Unzuverlässigkeit und eine einseitige Ausrichtung auf den Beruf gelten als ernste Gefährdungen einer Partnerschaft, kaum jedoch gegensätzliche politische oder religiöse Anschauungen; auch die Herkunft aus unterschiedlichen sozialen Verhältnissen und Bildungsschichten oder ein großer Altersunterschied kann nach Ansicht der Mehrheit die Qualität einer Partnerschaft nicht ernsthaft beeinträchtigen *(Schaubild 10)*.

Ostdeutsche Frauen halten Meinungsverschiedenheiten in wesentlichen weltanschaulichen Positionen für wesentlich gefährlicher für eine Partnerschaft als westdeutsche Frauen; in keinem anderen Punkt unterscheiden sich die Vorstellungen von Frauen aus den alten und neuen Bundesländern von dem, was einer Partnerschaft schaden kann, so gravierend wie bei der Bedeutung, die gegensätzlichen politischen

Anschauungen beigemessen wird: 12 Prozent der westdeutschen, aber 31 Prozent der ostdeutschen Frauen sind überzeugt, daß eine Partnerschaft gegensätzliche politische Ansichten nicht erträgt; auch unterschiedliche Religions- oder Konfessionsangehörigkeit halten ostdeutsche Frauen für ein größeres Risiko für eine Partnerschaft als westdeutsche:

Übersicht 8:

Risiken einer Partnerschaft

(Auszug)	Frauen West %	Ost %
Untreue	87	90
Wenn man nicht über Probleme reden kann	75	74
Unzuverlässigkeit	72	83
Ganz verschiedene Interessen	43	37
Unsichere finanzielle Situation	34	25
Gegensätzliche politische Ansichten	12	31
Verschiedene Konfession, unterschiedliche Religionen	10	22

Trotz der veränderten Rollenerwartungen und Situation von Frauen gehen Frauen keineswegs davon aus, daß ihre Idealvorstellungen von einer Partnerschaft von Männern geteilt werden. Unter den befragten Frauen bestand nahezu Konsens, daß Männer häufig andere Erwartungen an eine Partnerschaft haben, und zwar Erwartungen, die den Wünschen von Frauen diametral entgegengesetzt sind. Viele der befragten Frauen unterstellten, daß die Erwartungen von Männern an eine Partnerschaft oft von tradierten Rollenbildern beherrscht werden: der Mann als dominierender Partner, dem sich die Frau unterordnet; die Erwartung, durch die Partnerin auch die Aufgabe der Haushaltsführung ein für allemal gelöst zu haben; die Vorstellung, daß Freiheiten und Pflichten zwischen den Partnern unterschiedlich verteilt sind:

> »Die meisten Männer, die ich so kenne, sehen die Ehe oder Partnerschaft viel lockerer als Frauen; sie räumen sich viel mehr Freiheiten ein als der Frau. Es wird für selbstverständlich angesehen, daß sie fortgehen und die Frauen zu Hause bleiben.«

Schaubild 9:

Die ideale Partnerschaft

Das ist mir in einer Partnerschaft besonders wichtig:

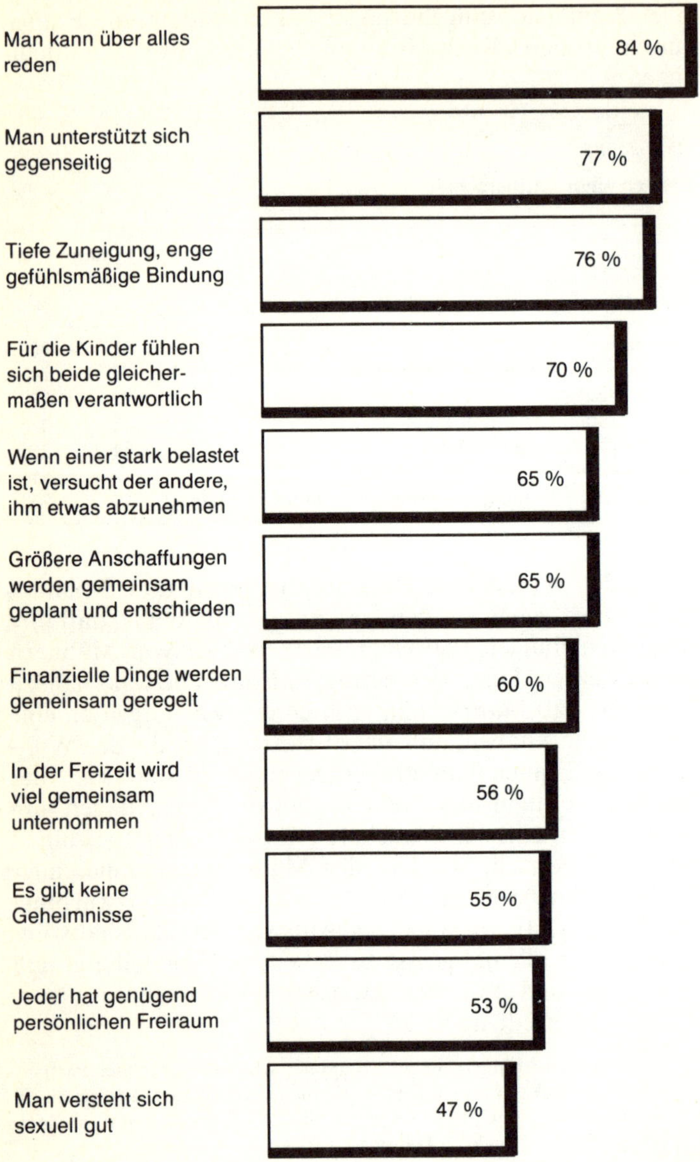

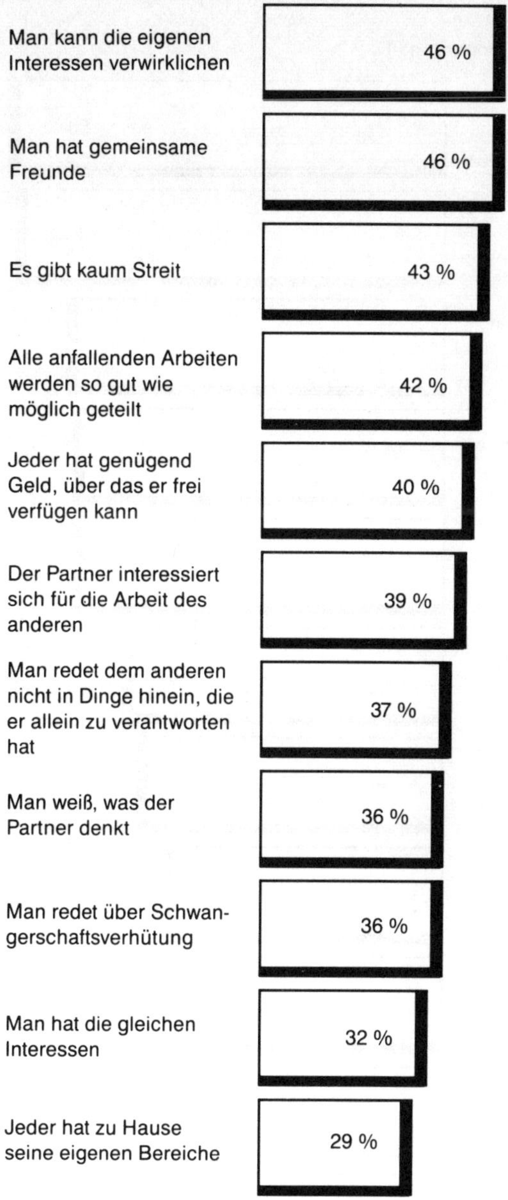

Erhebungseinheit: Bundesrepublik Deutschland, Frauen insgesamt.
Quelle: Allensbacher Archiv, IfD-Umfrage 3216.

Schaubild 10:

Was schadet einer Partnerschaft?

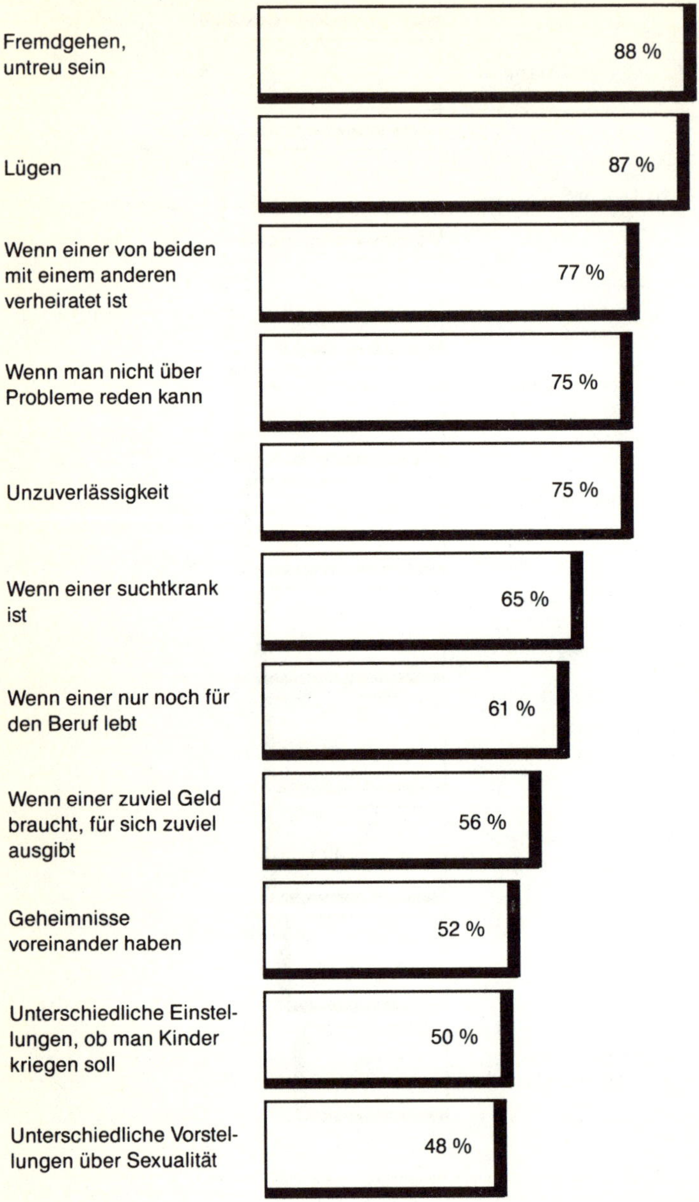

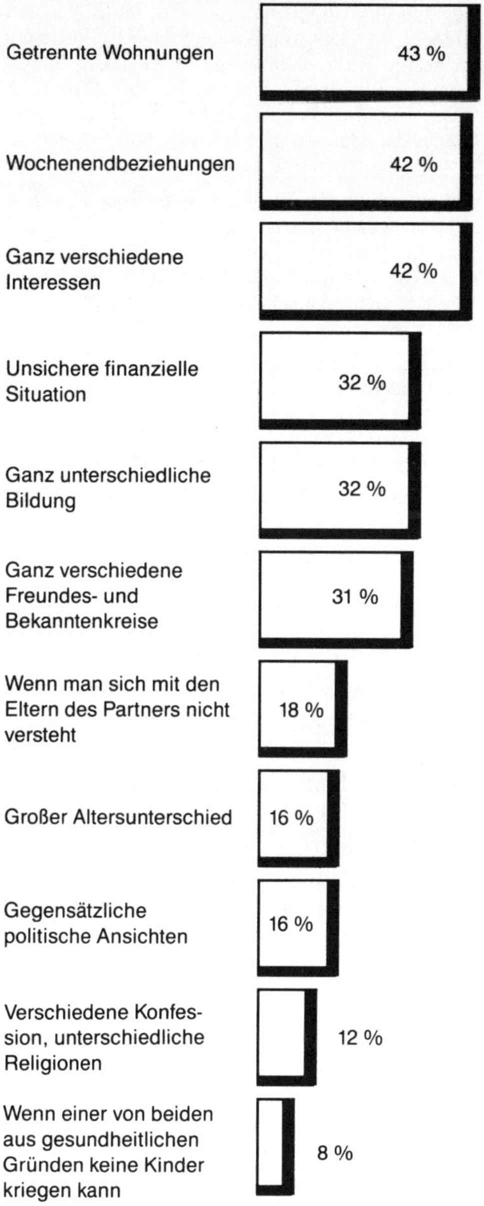

Erhebungseinheit: Bundesrepublik Deutschland, Frauen insgesamt.
Quelle: Allensbacher Archiv, IfD-Umfrage 3216.

»Viele Männer haben noch die Ansicht, die Frau hat in der Ehe auf alles zu verzichten und sich nur dem Mann unterzuordnen. Die Frau muß immer dasein für Mann und Familie. Weil der Mann der Hauptverdiener ist und für die Familie sorgt, muß es nach seinen Wünschen gehen. Was er sagt, wird gemacht. Bei denen, die ich kenne, ging es immer erst um die Belange des Mannes, und die Frau muß zurückstekken.«

»Viele Männer suchen einfach eine Frau, damit jemand ihren Haushalt macht, damit jemand putzt, wäscht, kocht, bügelt. Ältere Männer wollen auch eine junge, schöne Frau zum Angeben, zum Vorzeigen. Ich finde, daß Männer meistens eine Frau suchen, damit ihr Leben bequemer wird. Frauen denken da nicht so ans Praktische, sie sind da romantischer, heiraten fast nur aus Liebe.«

»Männer denken doch zum größten Teil, sie haben mit der Partnerin ein Aschenputtelchen gefunden.«

Die Idealvorstellungen von einem Lebenspartner spiegeln auch Wunschvorstellungen von der Beschaffenheit der Partnerschaft. Männer wie Frauen legen bei ihrem Partner in erster Linie Wert auf Treue, Wärme, Ehrlichkeit und Natürlichkeit, Männer darüber hinaus im hohen Maße auf sexuelle Attraktivität.

In mehreren Punkten unterscheiden sich die Idealvorstellungen von Männern und Frauen von einem Partner gravierend: Männer legen nicht nur überdurchschnittlich Wert auf sexuelle Anziehungskraft und gutes Aussehen ihrer Partnerin, sondern auch auf Natürlichkeit und die klassischen Tugenden einer guten Hausfrau wie Sauberkeit und Sparsamkeit, während Tüchtigkeit im Beruf nur die ideale Partnerin einer verschwindenden Minderheit, nämlich 7 Prozent der Männer, auszeichnet. Umgekehrt legen Frauen überdurchschnittlich Wert auf den beruflichen Erfolg des Partners, auf Fleiß und Intelligenz *(Tabelle 37)*.

Tabelle 37:

Eigenschaften des idealen Partners/der idealen Partnerin

Frage:
Welche Eigenschaften schätzen Sie besonders an einer Frau/einem Mann. Hier habe ich eine Liste. Ob Sie sie bitte einmal durchgehen und mir die fünf wichtigsten nennen? Sie brauchen mir nur die Nummer zu sagen.

	Westdeutschland	
	Frauen schätzen an einem Mann	Männer schätzen an einer Frau
	%	%
Treue	73	65
Wärme, Herzlichkeit	69	67
Ehrlichkeit	60	56
Natürlichkeit	52	69
Klugheit	48	39
Fleiß	42	23
Humor	40	35
Tüchtigkeit im Beruf	33	7
Sauberkeit	31	42
Sparsamkeit	28	37
Daß er praktisch veranlagt ist	22	–
Gutes Aussehen/Hübsches Aussehen	20	49
Pünktlichkeit	18	10
Ritterlichkeit	14	–
Ordnungsliebe	14	15
Verschwiegenheit	12	12
Selbstlosigkeit	–	7
Daß sie gut kochen kann	–	27
Keine Angabe	1	1

Erhebungseinheit: Westdeutschland, Bevölkerung ab 16 Jahren.
Quelle: Allensbacher Archiv, IfD-Umfrage 5062.

Die Idealvorstellungen von einem Partner haben sich in den letzten Jahrzehnten deutlich verändert und spiegeln auch eine veränderte Qualität von Partnerschaft. Charaktereigenschaften, die die Qualität einer Partnerschaft unmittelbar beeinflussen, sind in den Vordergrund getreten, während Sekundärtugenden an Bedeutung verloren haben. So legen Frauen heute weniger als früher Wert auf Fleiß, Sparsamkeit und Erfolg im Beruf, dagegen weitaus mehr Wert auf Wärme, Offenheit, Natürlichkeit, Humor und Treue:

Übersicht 9:

Eigenschaften des idealen Partners im Wandel der Zeit

(Auszug)	Frauen schätzen an einem Mann 1970 %	 1992 %
Treue	62	73
Wärme, Herzlichkeit	48	69
Ehrlichkeit	41	60
Natürlichkeit	33	52
Klugheit	38	48
Humor	30	40
Fleiß	48	42
Tüchtigkeit im Beruf	42	33
Sparsamkeit	39	28

Analog haben sich die Erwartungen von Männern an ihre ideale Partnerin verändert. Auch Männer legen heute signifikant mehr Wert auf Offenheit, Wärme, Herzlichkeit, Natürlichkeit, Intelligenz und Humor und auch Treue, weniger Wert dagegen auf Ordnungsliebe, Fleiß, Sparsamkeit und hochentwickelte Kochkünste:

Übersicht 10:

Eigenschaften der idealen Partnerin im Wandel der Zeit

(Auszug)	Männer schätzen an einer Frau 1970 %	 1992 %
Natürlichkeit	54	69
Wärme, Herzlichkeit	48	67
Treue	54	65
Ehrlichkeit	33	56
Gutes Aussehen	35	49
Klugheit	25	39
Humor	27	35
Sauberkeit	51	42
Sparsamkeit	57	37
Fleiß	36	23
Daß sie gut kochen kann	36	27

Über die eigenen Erfahrungen zog die Mehrheit der befragten Frauen, die zur Zeit in einer festen Bindung leben, eine positive Bilanz, sprach von Einschränkungen, aber auch einer wesentlichen Bereicherung durch die Partnerschaft:

»Ich habe viel von und in meiner Partnerschaft gelernt, mußte aber auch Abstriche machen. Meine geistigen Fähigkeiten haben sich durch die Partnerschaft besser entwickelt, mein Mann hat mir da viel geholfen; wir sprechen viel über Politik, das kannte ich vor meiner Ehe nicht, so richtig heiße Diskussionen. Auch bin ich erst durch meinen Mann sexuell freier geworden, durch meine Erziehung war ich ziemlich verklemmt. Daß ich mich beruflich nicht entwickeln konnte, hat mich natürlich nicht gerade begeistert, die Familie ging aber vor, ich wollte lieber ein glückliches Familienleben, als daß ich mich da beruflich mehr verwirkliche.«

»Meine Zeit für mich selbst ist durch die Partnerschaft einerseits und durch die Kinder andererseits sehr geschrumpft. Ein bißchen mehr Zeit für mich selbst hätte ich schon ganz gerne. Hinzugewonnen durch die Partnerschaft habe ich Erlebnisse und Interessen, zum Beispiel das Drachenfliegen und auch den Einblick in die Denk- und Verhaltensweise von Männern.«

»Bei meiner jetzigen Ehe habe ich nur gewonnen. Ich habe keine Nachteile dadurch. Ich war früher schon mal verheiratet, da war das total das Gegenteil.«

»Was Geben und Nehmen anbelangt, habe ich in der Partnerschaft schon dazugelernt . . . man muß Abstriche machen, aber das gehört zu einer Partnerschaft dazu.«

Nicht alle Gesprächspartnerinnen sahen die Relationen so ausgewogen. Bei der Beschreibung der eigenen – heutigen oder früheren – Partnerschaft schwang teilweise unüberhörbar Enttäuschung mit, ausgelöst vor allem durch mangelnde Toleranz von seiten des Partners und das Gefühl, daß die eigenen Bedürfnisse und Interessen in der Partnerschaft zu kurz kamen:

»Ich hatte ja vier Jahre eine feste Beziehung. Ich mußte mich sehr einschränken, zum Beispiel bei meinen Hobbies, hatte wenig Zeit für mich. Das wurde mir zu eng, ich fühlte mich zu jung, mich schon für immer zu binden. Ich wollte frei sein, mich noch einmal persönlich selber zu entfalten, mit meinen zeitaufwendigen Hobbies, und ich wollte auch einfach noch andere Bekanntschaften machen, flexibler sein.«

»Es gibt in jeder Partnerschaft Höhen und Tiefen. Ich denke, daß ich in unserer Partnerschaft bisher zu sehr unterdrückt wurde, und bin jetzt erst einmal dabei, das abzubauen. Ich mußte auch erst mal meine Erfahrungen machen. Für mich ist es das erste Mal, daß ich mit jemandem eine feste Beziehung eingegangen bin. Es hat mir sehr geholfen, daß ich mit meinem Partner eine gemeinsame kleine Wohnung habe, da sind mir viele Erkenntnisse gekommen. Jetzt habe ich eine größere Wohnung in Aussicht, in die mein Freund nicht einziehen will. Aber ich werde mich auf jeden Fall durchsetzen. Wenn wir uns trennen, werde ich auf keinen Fall allein bleiben. Ich hoffe, daß ich noch einmal jemanden finde, der dann etwas mehr Verständnis für mich hat. Wenn ich meinen Partner mit anderen vergleiche, halte ich ihn für sehr rücksichtslos.«

»Wenn man jung ist, denkt man, die Partnerschaft ist lustiger, ideenreicher. Doch dann kommt der Alltag dazu, da bist du kaputt am Abend, da bist du zu müde, etwas zu machen, zum Beispiel ein Candle-light-dinner oder so was. Das liegt wohl aber an uns beiden. Ich habe mir meine Ehe halt origineller vorgestellt, spontaner.«

In den Punkten, die nach den Vorstellungen der Frauen den eigentlichen Wert einer Partnerschaft ausmachen – Offenheit, gegenseitige Unterstützung, gemeinsame Entscheidungen, enge gefühlsmäßige Bindung und ein ausreichender Freiheitsspielraum –, zieht die große Mehrheit der Frauen, die in einer Partnerschaft leben, eine positive Bilanz:

Übersicht 11:

Aussagen über die eigene Partnerschaft

(Auszug)	Frauen mit Partner insgesamt %
Man unterstützt sich gegenseitig	79
Man kann über alles reden	75
Finanzielle Dinge werden gemeinsam geregelt	73
Tiefe Zuneigung, enge gefühlsmäßige Bindung	69
Jeder hat genügend persönlichen Freiraum	68
Wir verstehen uns sexuell gut	67
Wenn einer stark belastet ist, versucht der andere, ihm etwas abzunehmen	66
Jeder kann die eigenen Interessen verwirklichen	60

Obwohl Frauen grundsätzlich Männer für durchsetzungsfähiger halten, sehen sie die Gewichte in der eigenen Partnerschaft in der Regel gleich verteilt. Während 45 Prozent der Frauen davon ausgehen, daß sich im allgemeinen Männer besser durchsetzen können als Frauen, und nur 9 Prozent Frauen prinzipiell für durchsetzungsfähiger halten, sehen in der eigenen Partnerschaft nur 21 Prozent den Mann als den dominanten Partner, umgekehrt ebenfalls 20 Prozent sich selbst:

Übersicht 12:

Durchsetzungsfähigkeit in der Partnerschaft

	Frauen insgesamt %
Allgemein setzen sich besser durch:	
Frauen	9
Männer	45
Beide gleich	35
In meiner Partnerschaft setzt sich besser durch:	
die Frau	20
der Mann	21
Ganz verschieden	52

Die Qualität der Partnerschaft ist für die Lebenszufriedenheit von eminenter Bedeutung. Frauen, die mit ihrem Leben unterdurchschnittlich zufrieden sind, äußern sich wesentlich zurückhaltender über die eigene Partnerschaft, attestieren ihrer Beziehung vor allem weitaus weniger als lebenszufriedene Frauen eine enge gefühlsmäßige Bindung, Offenheit, wenig Konflikte und ausreichenden Spielraum, eigene Interessen zu verwirklichen *(Tabelle 38)*.

Die Mehrzahl der Gesprächspartnerinnen ließ keinen Zweifel daran, daß Sexualität für sie einen hohen Stellenwert hat, wenn auch einige sofort Einschränkungen nannten: Sexualität sei wichtig, aber sicher nicht das Wichtigste an einer Beziehung; Sexualität sei für Männer wichtiger als für Frauen; Sexualität verliere mit den Jahren an Bedeutung:

»Sexualität halte ich für sehr wichtig, aber nicht für das Wichtigste im Leben.«

»Ich glaube, daß sich auch in diesem Punkt Männer und Frauen unterscheiden. Für Männer hat Sex eine größere Bedeutung. Natürlich gehört Sex zu einer intakten Beziehung und kann sie bei Verständnis auch in dieser Frage sehr bereichern.«

»Wenn man jung ist, ist Sex natürlich ganz wichtig, vor allem heute, wo alles viel freier ist und man nicht immer Angst vor Kindern haben muß.

Tabelle 38:

Lebenszufriedenheit und Qualität der Partnerschaft

Frage:
Hier auf diesen Karten stehen Beschreibungen, die auf eine Partnerschaft zutreffen können. Viele davon sind sicherlich Idealvorstellungen, und nicht alles läßt sich verwirklichen. Was davon trifft auf Ihre Partnerschaft zu?

	Frauen mit Partner Lebenszufriedenheit	
	groß	gering
	%	%
Man kann über alles reden	85	50
Tiefe Zuneigung, enge gefühlsmäßige Bindung	81	44
Wenn einer stark belastet ist, versucht der andere, ihm etwas abzunehmen	79	51
Finanzielle Dinge werden gemeinsam geregelt	77	59
Jeder hat genügend persönlichen Freiraum	77	53
Man versteht sich sexuell gut	75	50
Man kann die eigenen Interessen verwirklichen	71	43
Es gibt keine Geheimnisse	70	36
Es gibt kaum Streit	66	35
Man hat die gleichen Interessen	56	33
Man hat zu Hause seinen eigenen Bereich	39	34

Erhebungseinheit: Bundesrepublik Deutschland, Frauen mit Partner ab 14 Jahren.
Quelle: Allensbacher Archiv, IfD-Umfrage 3216.

In unserem Alter ist Sex natürlich nicht mehr ganz so wichtig, aber schön ist es immer noch, wenn man sich gut versteht. Aber nur dann, sonst nicht!«

Die Mehrheit stufte Sexualität ohne Wenn und Aber als wichtigen Bereich einer Beziehung ein, der wesentlich über die Qualität einer Partnerschaft entscheidet:

»Sexualität halte ich für eine gute Partnerschaft für besonders wichtig, so wie das Salz in der Suppe.«

»Sexualität ist sehr wichtig, mir ist das erst richtig durch die Partnerschaft bewußt geworden. Ich war früher da sehr naiv; es ist etwas Schönes und gehört einfach zu einer richtigen Partnerschaft dazu.«

»Für mich ist das schon doll wichtig. Wenn da nichts läuft, bist du unzufrieden und unausgeglichen. Das überträgt sich dann auf alles. Nee, wenn im Bett nicht alles stimmt, kann ich auf einen Partner verzichten.«

»Ich halte Sexualität generell für ganz wichtig. Ich habe noch niemals Abstinenzler getroffen, die auf mich einen glücklichen Eindruck gemacht haben. Natürlich ist Sexualität alleine auch noch kein Garant für Glück und Zufriedenheit, aber sie bereichert das Leben.«

Distanzierte oder negative Stellungnahmen waren in den Interviews die Ausnahme:

»Ach, Sexualität, das ist ein wunder Punkt. Ich könnte darauf verzichten. Aber mehr möchte ich zu dem Thema eigentlich nicht sagen.«

Die Begriffe, die Frauen mit Sexualität verbinden, bestätigen, daß dieser Bereich heute nur für eine kleine Minderheit Opfer und lästige Pflicht bedeutet. Sexualität steht für Frauen in erster Linie für Zuneigung und Zärtlichkeit, Freude, Lust und Sinnlichkeit, während nur eine kleine Minderheit mit Sexualität Ekel, Zwang, peinliche Empfindungen und Ängste verbindet *(Schaubilder 11* und *12)*.

Sexuelle Attraktivität hat bei den Idealvorstellungen von einem Partner an Bedeutung gewonnen, für Männer mehr als für Frauen. 1970 rechneten 56 Prozent der Männer sexuelle Anziehungskraft zu den fünf wichtigsten Eigenschaften ihrer idealen Partnerin, heute 71 Prozent. Bei Frauen stieg dagegen der Anteil, der besonderen Wert auf sexuelle Attraktivität legt, in den letzten zwei Jahrzehnten lediglich von 41 auf 47 Prozent *(Tabelle 39)*.

Für das eigene Lebensglück stufen heute 59 Prozent der verheirateten Frauen sexuelle Beziehungen als notwendig ein, der höchste Wert seit Beginn dieser Untersuchungsreihe im Jahr 1949. In Ostdeutschland liegt der Anteil noch geringfügig höher; dort zählen 62 Prozent der verheirateten Frauen sexuelle Beziehungen zu den Voraussetzungen ihres Glücks, und nur 22 Prozent können sich vorstellen, auf sexuelle Beziehungen zu verzichten *(Tabelle 40)*.

Der subjektive Stellenwert von Sexualität verändert sich mit zunehmendem Alter. Die größte Bedeutung hat Sexualität für die Altersgruppe der 21- bis 29jährigen, von denen 73 Prozent ihre sexuellen Beziehungen als wesentliche Bereicherung ihres Lebens bewerten. Nach dem 30. und verstärkt nach dem 50. Lebensjahr sinkt die Bedeutung ab, die diesem Lebensbereich beigemessen wird. Von den 50- bis 59jährigen Frauen empfinden 44 Prozent, von den 60jähri-

Schaubild 11:

Assoziationen zu Sexualität (I)

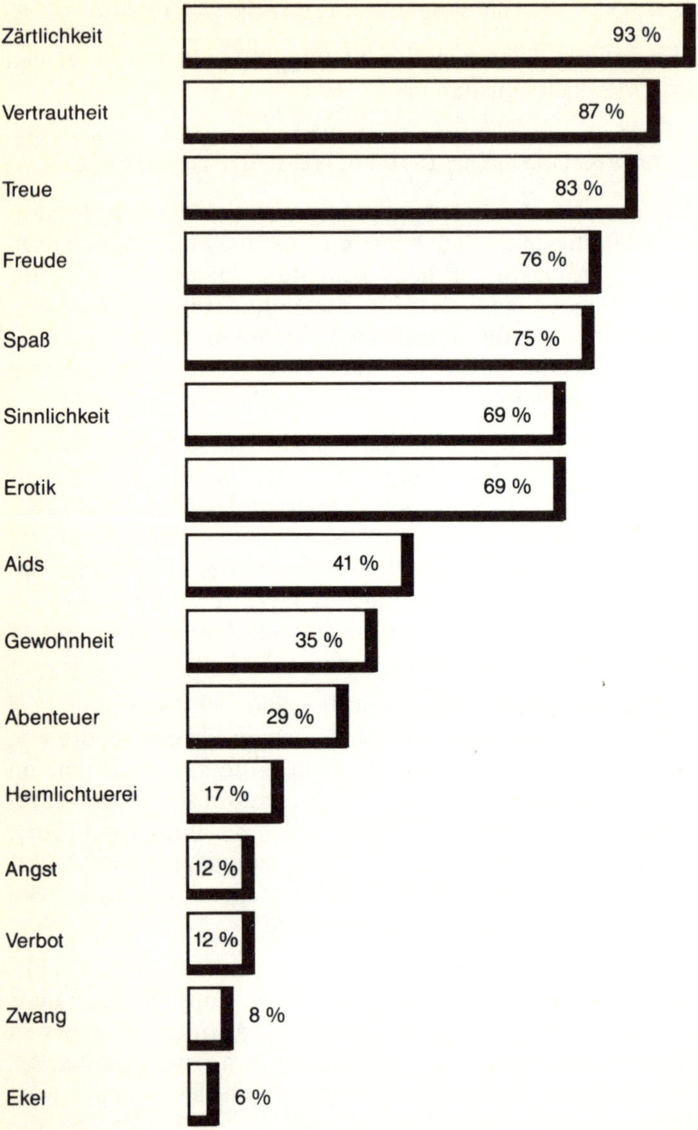

Erhebungseinheit: Bundesrepublik Deutschland, Frauen insgesamt.
Quelle: Allensbacher Archiv, IfD-Umfrage 3216.

Schaubild 12:

Assoziationen zu Sexualität (II)

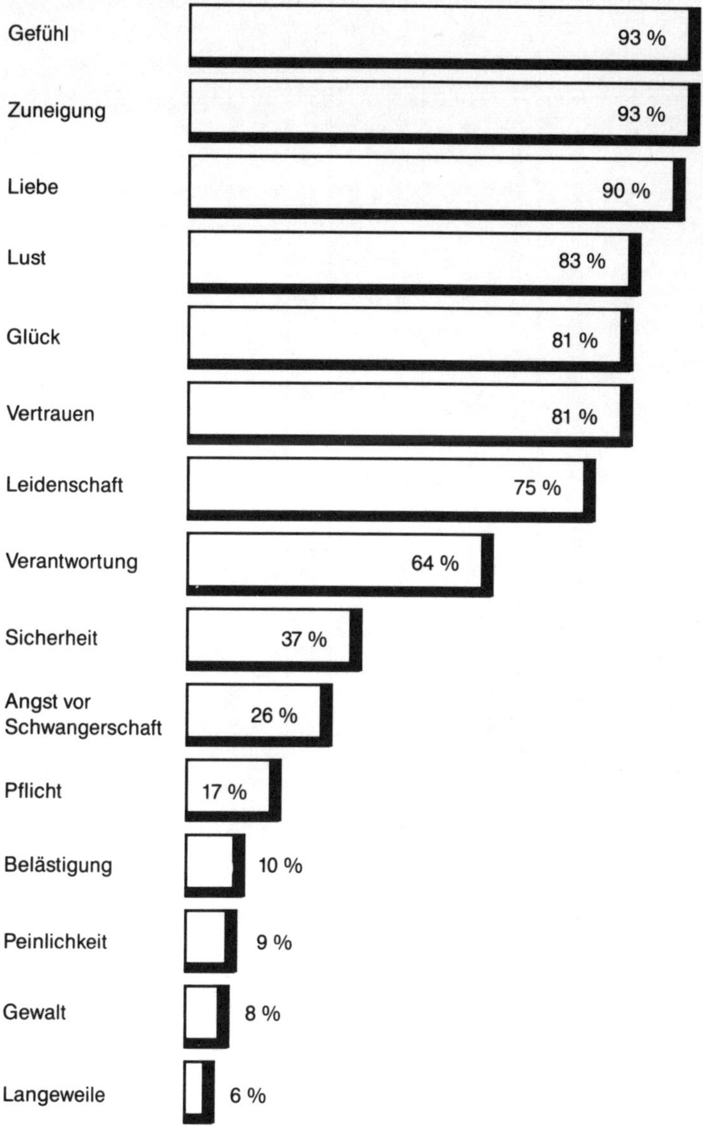

Erhebungseinheit: Bundesrepublik Deutschland, Frauen insgesamt.
Quelle: Allensbacher Archiv, IfD-Umfrage 3216.

Tabelle 39:

Wachsende Bedeutung sexueller Attraktivität

Frage:
Würden Sie sexuelle Anziehungskraft bei einem Partner zu den fünf wichtigsten Eigenschaften rechnen?

	Westdeutschland Männer					Westdeutschland Frauen				
	1970	1974	1978	1986	1992	1970	1974	1978	1986	1992
	%	%	%	%	%	%	%	%	%	%
Ja	56	65	67	60	71	41	45	42	44	47
Nein	42	34	32	35	29	56	54	57	50	52
Keine Angabe	2	1	1	5	x	3	1	1	6	1
	100	100	100	100	100	100	100	100	100	100

x = Wert unter 0,5 Prozent.
Erhebungseinheit: Westdeutschland, Bevölkerung ab 16 Jahren.
Quelle: Allensbacher Archiv, IfD-Umfragen 2066, 3007, 3059, 4068, 5062.

Tabelle 40:

Sexuelle Beziehungen und Lebensglück (I)

Frage:
Halten Sie sexuelle Beziehungen für notwendig zu Ihrem eigenen Lebensglück, oder könnten Sie auch darauf verzichten?*

	Westdeutschland 1949 %	1963 %	1976 %	1987 %	1992 %	Ostdeutschland 1992 %
Notwendig	48	45	56	51	59	62
Kann darauf verzichten	44	44	29	29	24	22
Unentschieden	8	11	15	20	17	16
	100	100	100	100	100	100

* 1949–1987 lautete die Frageformulierung: Halten Sie solche intimen Beziehungen . . .
Erhebungseinheit: Bundesrepublik Deutschland, Verheiratete Frauen ab 16 Jahren.
Quelle: Allensbacher Archiv, IfD-Umfragen 222, 256, 1263, 4087/II, 3216.

gen und älteren 23 Prozent Sexualität als wesentliche Bereicherung *(Schaubild 13)*.

Von den unter 30jährigen kann sich die Mehrheit nicht vorstellen, in einer Partnerschaft zu leben, in der die sexuellen Beziehungen unbefriedigend sind. Erst bei den 60jährigen und älteren Frauen überwiegt die Überzeugung, daß sie sich in einer Partnerschaft auch mit unbefriedigenden sexuellen Beziehungen abfinden könnten *(Tabelle 41)*. Daß es glückliche Beziehungen zwischen Mann und Frau ohne sexuelle Beziehungen geben kann, kann sich in allen Altersgruppen nur eine Minderheit der Frauen vorstellen:

Übersicht 13:

Glückliche Partnerschaft ohne sexuelle Beziehungen?

	Altersgruppen 14–20 Jahre %	21–29 Jahre %	30–39 Jahre %	40–49 Jahre %	50–59 Jahre %	60 Jahre u. älter %
Ja, ist möglich	24	22	28	30	30	37

Für ostdeutsche Frauen ist eine glückliche Partnerschaft

Schaubild 13:

Sexuelle Beziehungen und subjektives Lebensglück

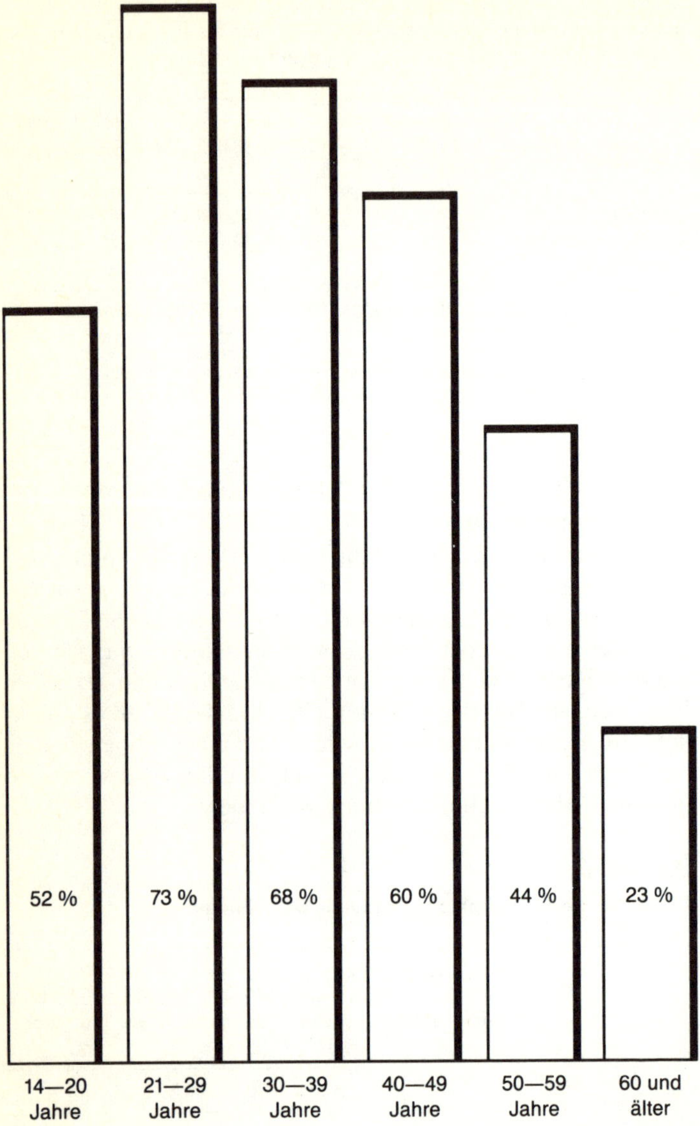

Erhebungseinheit: Westdeutschland, Frauen ab 14 Jahren.
Quelle: Allensbacher Archiv, IfD-Umfrage 3216.

ohne sexuelle Beziehungen noch schwerer vorstellbar als für westdeutsche. 30 Prozent der westdeutschen, aber nur 18 Prozent der ostdeutschen Frauen halten es für möglich, bei einem völligen Verzicht auf sexuelle Beziehungen glücklich zu werden *(Tabelle 42)*.

Mit dem subjektiven Stellenwert von Sexualität verändert sich über die Lebensphasen hinweg auch die Qualität sexueller Beziehungen. Mit zunehmendem Alter verbinden Frauen mit Sexualität weniger Gedanken an Freude und Abenteuer, zunehmend dagegen die Vorstellung einer festen Gewohnheit. Fast über alle Lebensphasen hinweg bleiben jedoch Zärtlichkeit und Zuneigung für Frauen die zentralen Bestimmungsgrößen ihrer Sexualität *(Schaubild 14)*.

Der Stellenwert von Sexualität wächst zur Zeit. Darauf läßt auch die zunehmende Überzeugung gerade bei Frauen schließen, daß eine Ehe allein an unbefriedigenden sexuellen Beziehungen scheitern kann. 1958 waren davon 42 Prozent der Bevölkerung überzeugt, 1986 43 Prozent, heute 48 Prozent. Die getrennte Analyse von Männern und Frauen zeigt, daß vor allem Frauen zunehmend überzeugt sind, daß unbefriedigende sexuelle Beziehungen eine Beziehung insgesamt gefährden können *(Tabelle 43)*.

In den späten sechziger und frühen siebziger Jahren wurden ein hoher Stellenwert von Sexualität und die Bereitschaft zur Treue oft auseinandergedacht. Tatsächlich verlor die Treue als Leitmotiv und Norm für eine Partnerschaft in den siebziger Jahren vorübergehend an Bedeutung, wenn sie auch für die große Mehrheit der verheirateten Paare eine Grundvoraussetzung für eine glückliche Partnerschaft blieb. 1963 erwarteten 77 Prozent der verheirateten Frauen von ihrem Partner unbedingte Treue, 1976 waren es 67 Prozent. Die begrenzte Verunsicherung über den Wert der Treue war jedoch ein vorübergehendes Phänomen. Seit Mitte der achtziger Jahre hat der Anteil der Frauen – und auch der Männer –, die von ihrem Partner (ihrer Partnerin) absolute Treue fordern, wieder zugenommen und liegt seitdem konstant bei rund 80 Prozent. Außereheliche sexuelle Beziehungen von Verheirateten werden nur von einer kleinen Minderheit, 8 Prozent der Bevölkerung, vorbehaltlos gebilligt *(Tabellen 44* und *45)*.

Tabelle 41:

Sexuelle Beziehungen und Partnerschaft

Frage:
Könnten Sie sich vorstellen, in einer Partnerschaft zu leben, auch wenn Sie mit den sexuellen Beziehungen in der Partnerschaft nicht zufrieden sind?

	West-deutschland	Frauen nach Altersgruppen					
	Frauen insgesamt %	14–20 Jahre %	21–29 Jahre %	30–39 Jahre %	40–49 Jahre %	50–59 Jahre %	60 Jahre u. älter %
Kann ich mir vorstellen	32	17	22	29	37	36	41
Kann ich mir nicht vorstellen	43	55	61	49	45	37	24
Unentschieden	25	28	17	22	18	27	35
	100	100	100	100	100	100	100

Erhebungseinheit: Westdeutschland, Frauen ab 14 Jahren.
Quelle: Allensbacher Archiv, IfD-Umfrage 3216.

Tabelle 42:

Sexuelle Beziehungen und Lebensglück (II)

Frage:
Gibt es Ihrer Meinung nach ein Lebensglück ohne sexuelle Beziehungen zwischen Mann und Frau?

	Frauen		Persönlicher Stellenwert von Sexualität		
	West	Ost	groß	mittel	gering
	%	%	%	%	%
Ja, ist möglich	30	18	6	25	50
Nein	46	62	88	54	12
Unentschieden	24	20	6	21	38
	100	100	100	100	100

Erhebungseinheit: Bundesrepublik Deutschland, Frauen ab 14 Jahren.
Quelle: Allensbacher Archiv, IfD-Umfrage 3216.

Die Renaissance der Treue geht keineswegs ausschließlich auf die Bedrohung durch Aids zurück, sondern im wesentlichen auf eine Veränderung der Wertvorstellungen. Das Aids-Risiko hat jedoch durchaus die Einstellungen beeinflußt, insbesondere in der jungen Generation. 23 Prozent der westdeutschen Frauen, 44 Prozent der unter 30jährigen Frauen haben ihre Einstellung zu Sexualität aufgrund des Aids-Risikos teilweise verändert. Wieweit der einzelne sich durch das Aids-Risiko betroffen fühlt, ist in erster Linie eine Frage des Alters, bei Männern wie Frauen *(Tabelle 46)*. Vor allem die unter 20jährigen verbinden mit Sexualität auch den Gedanken an Aids *(Schaubild 15)*.

Die meisten beschäftigt Aids als gesellschaftliches Problem, nicht als latente Gefahr, die die eigene Gesundheit und das eigene Leben bedroht. Die feste Partnerschaft, in der die meisten leben, gilt als Garant gegen eine Ansteckung:

»Ich finde die Krankheit schlimm, aber für mich trifft diese Gefahr nicht zu. Es gibt keine Möglichkeiten, und für meinen Mann auch nicht. Ich hoffe, daß sie irgend etwas gegen Aids finden, daß etwas gemacht wird. Ich hoffe auch, daß die Leute, die von Aids betroffen sind, den Kontakt zur Gesellschaft finden können, das halte ich für das Schlimmste, wenn man die Kranken isoliert.«

Schaubild 14:

Bestimmungsgrößen sexueller Beziehungen nach Altersgruppen

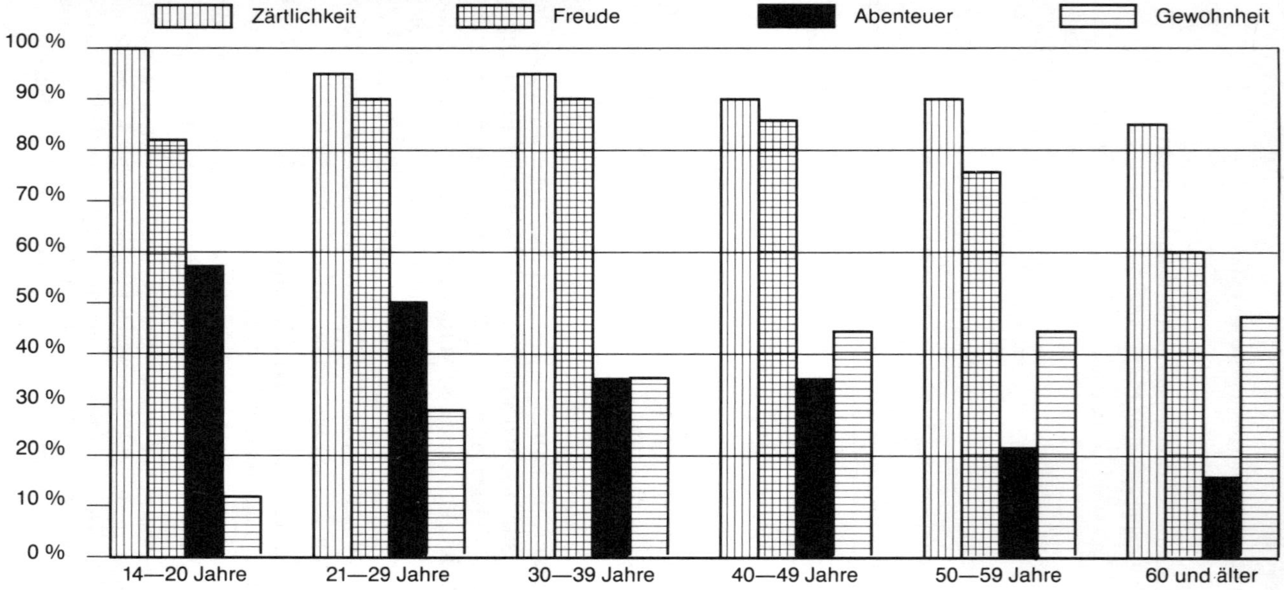

Erhebungseinheit: Bundesrepublik Deutschland, Frauen ab 14 Jahren.
Quelle: Allensbacher Archiv, IfD-Umfrage 3216.

Tabelle 43:

Bedeutung sexueller Übereinstimmung für eine Ehe

Frage:
Glauben Sie, daß eine Ehe nur deshalb scheitern kann, weil sich Mann und Frau in sexueller Hinsicht nicht verstehen, oder glauben Sie, daran allein kann eine Ehe nicht zerbrechen?

	Westdeutschland Bevölkerung insgesamt			Westdeutschland Frauen			Männer		
	1958	1986	1992	1958	1986	1992	1958	1986	1992
	%	%	%	%	%	%	%	%	%
Ehe kann deshalb scheitern	42	43	48	47	49	51	37	37	44
An dem allein nicht	42	55	51	39	49	47	45	61	55
Andere Antwort	1	1	x	2	1	x	1	1	x
Keine Angabe	15	1	1	12	1	2	17	1	1
	100	100	100	100	100	100	100	100	100

x = Wert unter 0,5.
Erhebungseinheit: Westdeutschland, Bevölkerung ab 16 Jahren.
Quelle: Allensbacher Archiv, IfD-Umfragen 1022, 4068, 5062.

Tabelle 44:

Forderung nach unbedingter Treue bleibt stabil

Frage:
Muß ein Mann (an Frauen)/eine Frau (an Männer) unbedingt treu sein, damit Sie glücklich mit ihm/mit ihr leben könnten, oder könnten Sie sich auch mit etwas Untreue abfinden, wenn es nur vorübergeht?

	Westdeutschland Verheiratete Frauen				Verheiratete Männer			
	1963	1976	1987	1992	1963	1976	1987	1992
	%	%	%	%	%	%	%	%
Muß treu sein	77	67	80	80	84	68	83	82
Könnte mich abfinden	13	19	12	12	7	18	8	8
Unmöglich zu sagen	10	14	8	8	9	14	9	10
	100	100	100	100	100	100	100	100

Erhebungseinheit: Westdeutschland, Bevölkerung ab 16 Jahren.
Quelle: Allensbacher Archiv, IfD-Umfragen 256 (verheiratete Bevölkerung zwischen 20 und 75 Jahren), 1259 (verheiratete Frauen zwischen 20 und 70 Jahren), 1263 (verheiratete Männer zwischen 20 und 70 Jahren), 4087/I (Verheiratete ab 16 Jahren), 5062.

»Ich denke, daß es mich nicht trifft, da ich ja einen festen Partner habe.«

»Ich mache mir Gedanken, wie sich Aids generell in der Gesellschaft weiterentwickeln wird, aber nicht für mich.«

»Ich bin schon sehr lange mit meinem Mann zusammen. Als Aids auf der Bildfläche erschienen ist, war ich auch schon mit ihm zusammen. Ich hatte eigentlich nie Angst davor.«

Die Mehrheit der Bevölkerung ist überzeugt, daß die Gefährdung durch Aids verhaltensabhängig ist. 55 Prozent der Bevölkerung gehen davon aus, daß sie durch ihr Verhalten das Aids-Risiko steuern und für sich persönlich völlig ausschließen können. Von den unter 40jährigen sind 51 Prozent dieser Ansicht, von den unter 40jährigen mit wechselndem Partner 49 Prozent. Der Anteil der Bevölkerung, der durch Aids allgemein ängstlicher geworden ist, sank zwischen Mitte und Ende der achtziger Jahre kontinuierlich. Der psychische Druck, das eigene Verhalten zu ändern, ist in den letzten Jahren geringer geworden. Soweit sich die Bevölkerung Sorgen macht, betreffen sie in erster Linie Bluttransfusionen. 56 Prozent der Bevölkerung halten wegen

Tabelle 45:

Mißbilligung außerehelicher sexueller Beziehungen Verheirateter

Frage:
Billigen oder verurteilen Sie es, wenn verheiratete Menschen neben ihrer Ehe intime Beziehungen unterhalten?
Nachfrage falls billige es:
Billigen Sie intime Beziehungen neben der Ehe nur Männern zu, oder beiden Geschlechtern?

	Bevölkerung insgesamt			
	Westdeutschland			Ostdeutschland
	1963	1986	1992	1992
	%	%	%	%
Billige es	5	10	8	8
und zwar				
bei Männern	x	1	x	1
bei Männern und Frauen	4	8	6	7
unentschieden	1	1	2	x
Verurteile es	76	60	70	58
Kommt darauf an	17	30	22	34
Keine Angabe	2	x	x	x
	100	100	100	100

x = Wert unter 0,5.
Erhebungseinheit: Bundesrepublik Deutschland, Bevölkerung ab 16 Jahren.
Quelle: Allensbacher Archiv, IfD-Umfragen 256, 4068, 5062.

Aids Bluttransfusionen für riskanter als früher. Auch diese Ängste sind jedoch in den letzten Jahren rückläufig.

Die Möglichkeiten der Empfängnisverhütung werden heute von der großen Mehrheit der Frauen als befriedigend eingestuft. 69 Prozent der westdeutschen Frauen sind der Auffassung, daß es heute genügend wirksame Möglichkeiten gibt, 21 Prozent sehen Defizite und fordern vor allem, Männer verstärkt in die Verhütung einzubeziehen. Von den verschiedenen Verhütungsmethoden wird die Pille mit Abstand am positivsten beurteilt. 77 Prozent der westdeutschen, 80 Prozent der ostdeutschen Frauen beurteilen die Pille positiv. Mit großem Abstand folgen Kondome, die Spirale und Sterilisation. Mit Abstand am kritischsten werden der Co-

Tabelle 46:

Einstellungsänderung durch das Aids-Risiko?

Frage:
Hat sich eigentlich, seit Sie von den Gefahren der Aids-Krankheit wissen, Ihre Einstellung zur Sexualität irgendwie geändert, oder würden Sie das nicht sagen?

	Westdeutschland Frauen insge-samt %	16–29 Jahre %	30–44 Jahre %	45–59 Jahre %	60 Jahre u. älter %	Westdeutschland Männer insge-samt %	16–29 Jahre %	30–44 Jahre %	45–59 Jahre %	60 Jahre u. älter %
Geändert	23	44	29	13	8	27	44	34	20	5
Nicht geändert	66	46	68	81	71	67	49	66	75	82
Unentschieden, weiß nicht	11	10	3	6	21	6	7	x	5	13
	100	100	100	100	100	100	100	100	100	100

x = Wert unter 0,5.
Erhebungseinheit: Westdeutschland, Bevölkerung ab 16 Jahren.
Quelle: Allensbacher Archiv, IfD-Umfrage 5062.

Schaubild 15:

Assoziationen zu Sexualität (III) (Angst und Aids)

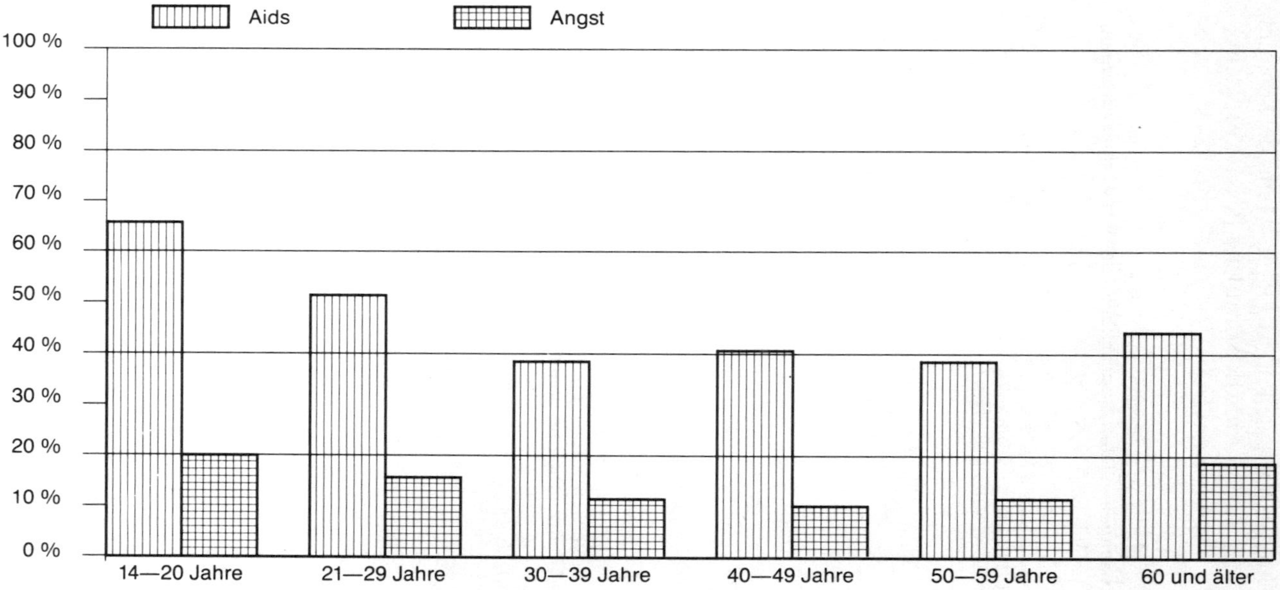

Erhebungseinheit: Westdeutschland, Frauen ab 14 Jahren.
Quelle: Allensbacher Archiv, IfD-Umfrage 3216.

itus interruptus, die Knaus-Ogino-Methode, Schaumpräparate, die Sterilisation der Frau und Pessare beurteilt *(Schaubilder 16, 17; Tabelle 47)*.

Tabelle 47:

Zufriedenheit mit den Möglichkeiten der Empfängnisverhütung

Frage:
Finden Sie, es gibt heute genug wirksame Möglichkeiten zur Empfängnisverhütung, oder meinen Sie, man müßte noch nach Verbesserungen und neuen Mitteln suchen?

	Westdeutschland		
	Frauen insgesamt	Frauen im Alter von 21–29 Jahren	30–39 Jahren
	%	%	%
Gibt genug wirksame Möglichkeiten	69	65	65
Müßte Verbesserungen, neue Mittel suchen	21	31	29
Die Männer bei der Verhütung stärker miteinbeziehen	12	22	19
Einführung der Männerpille	5	11	8
Die Pille verbessern	7	11	9
Verträglichkeit verbessern	5	9	7
Empfängnisverhütung generell ganz sicher machen	2	3	3
Unentschieden	10	4	6
	100	100	100

Erhebungseinheit: Westdeutschland, Frauen ab 14 Jahren.
Quelle: Allensbacher Archiv, IfD-Umfrage 3216.

Schaubild 16:

Bewertung verschiedener Verhütungsmethoden (I)

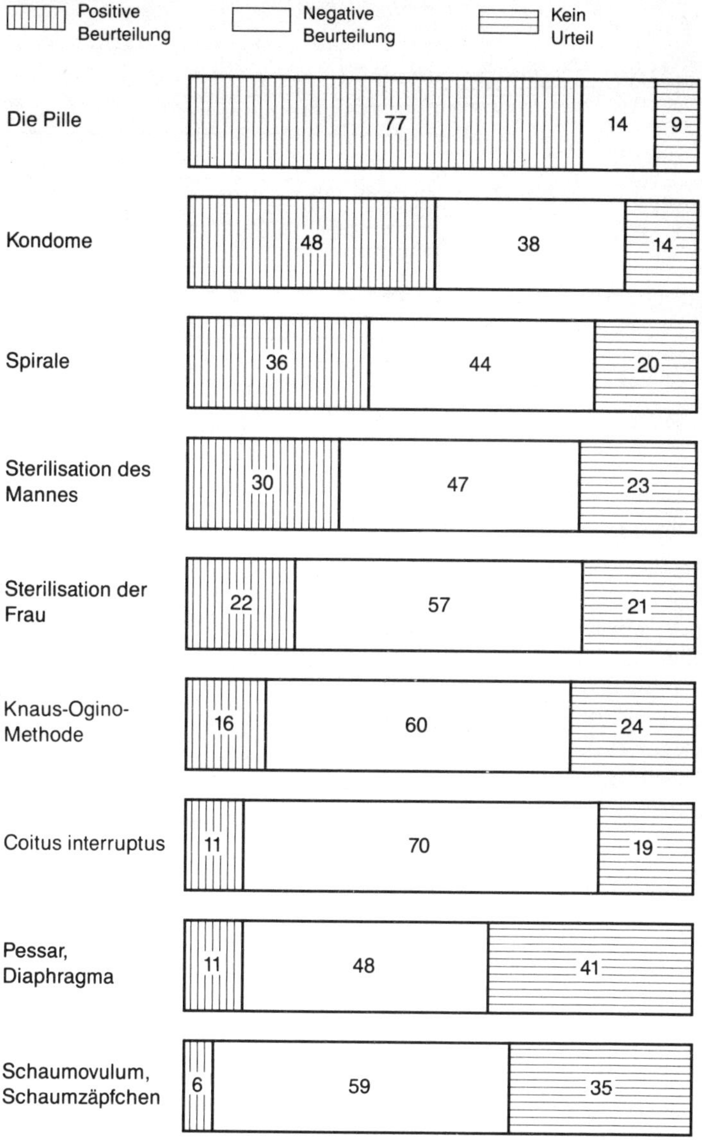

Erhebungseinheit: Bundesrepublik Deutschland, Frauen ab 14 Jahren.
Quelle: Allensbacher Archiv, IfD-Umfrage 3216.

Schaubild 17:

Bewertung verschiedener Verhütungsmethoden (II)

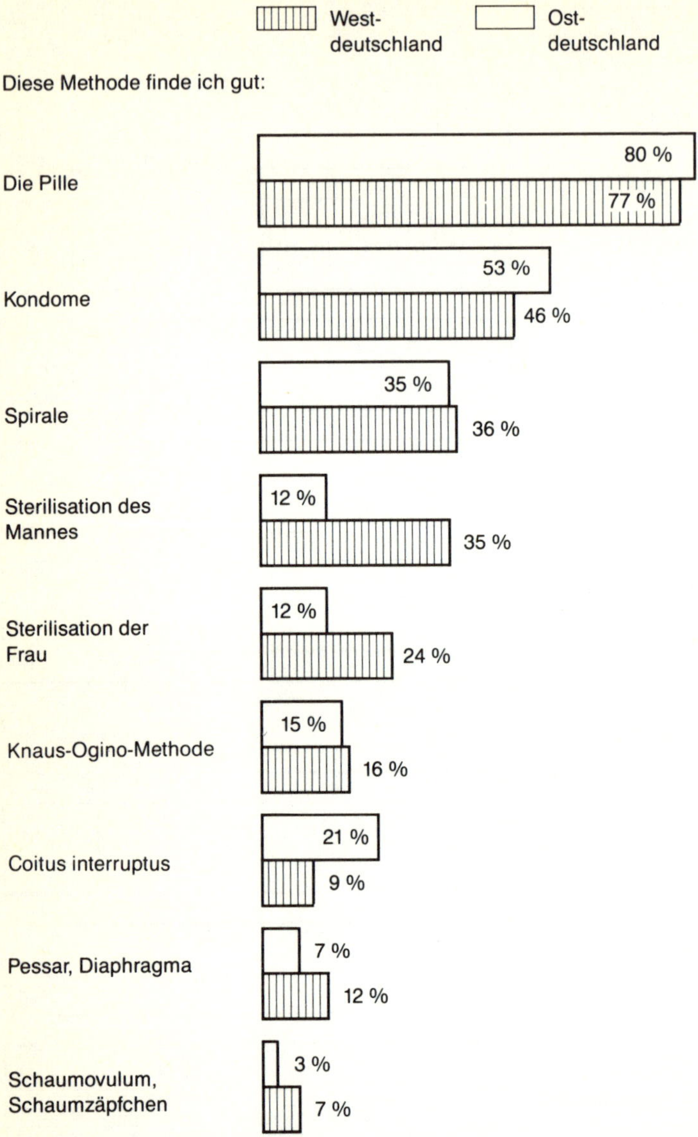

Erhebungseinheit: Bundesrepublik Deutschland, Frauen ab 14 Jahren.
Quelle: Allensbacher Archiv, IfD-Umfrage 3216.

7. Frauen und Gesundheit

Der subjektive Gesundheitszustand der Bevölkerung bessert sich langsam, aber kontinuierlich. 1953 beschrieben 55 Prozent der westdeutschen Bevölkerung ihren Gesundheitszustand uneingeschränkt als gut, 1979 waren es 59 Prozent, heute sind es 63 Prozent. Die Bilanz der ostdeutschen Bevölkerung fällt schlechter aus und ähnelt den Ergebnissen, die Ende der siebziger Jahre in Westdeutschland ermittelt wurden. Frauen haben mehr gesundheitliche Probleme als Männer. Das gilt heute genauso wie am Beginn der fünfziger Jahre und für Ostdeutschland noch ausgeprägter als für Westdeutschland. 68 Prozent der westdeutschen, 65 Prozent der ostdeutschen Männer bewerten ihren Gesundheitszustand uneingeschränkt als gut, aber nur 58 Prozent der westdeutschen und 52 Prozent der ostdeutschen Frauen *(Tabelle 48)*.

Die unterschiedliche Bilanz von Männern und Frauen geht nur teilweise auf die unterschiedliche Altersstruktur, den höheren Anteil älterer Frauen zurück. Analysiert man die subjektive Gesundheitsbilanz von Männern und Frauen getrennt nach Altersgruppen, so wird deutlich, daß die unter 50jährigen Frauen ihren Gesundheitszustand nicht nennenswert schlechter einstufen als gleichaltrige Männer. Nach dem fünfzigsten Lebensjahr nehmen jedoch gesundheitliche Beeinträchtigungen bei Frauen sprunghaft zu, weitaus stärker als bei gleichaltrigen Männern. Entsprechend fällt die Gesundheitsbilanz von Männern und Frauen nach dem fünfzigsten Lebensjahr kraß auseinander. Während von den 40- bis 49jährigen westdeutschen Frauen noch 63 Prozent ihren Gesundheitszustand uneingeschränkt als gut beschreiben, sind es von den 50- bis 59jährigen nur noch

Tabelle 48:

Subjektiver Gesundheitszustand

Frage:
Wie würden Sie zur Zeit im großen und ganzen Ihren Gesundheitszustand beschreiben?

	Bevölkerung insgesamt Westdeutschland			Ostdt.	Männer Westdeutschland			Ostdt.	Frauen Westdeutschland			Ostdt.
	1953	1979	1991	1991	1953	1979	1991	1991	1953	1979	1991	1991
	%	%	%	%	%	%	%	%	%	%	%	%
Gut	55	59	63	58	60	63	68	65	51	56	58	52
Nicht ganz in Ordnung	37	36	32	36	34	32	28	30	40	39	36	42
Schlecht	8	5	5	6	6	5	4	5	9	5	6	6
	100	100	100	100	100	100	100	100	100	100	100	100

Erhebungseinheit: Bundesrepublik Deutschland, Bevölkerung ab 18 Jahren.
Quelle: Allensbacher Archiv, IfD-Umfragen 225, 1287, 3210.

44 Prozent und von den 60- bis 69jährigen 38 Prozent. Bei 50- bis 59jährigen Männern sinkt dagegen der Anteil der mit ihrer Gesundheit uneingeschränkt Zufriedenen lediglich auf 57 Prozent ab und zwischen dem 60. und 69. Lebensjahr ganz geringfügig weiter auf 55 Prozent *(Tabelle 49)*.

Gesundheit hat für die Bevölkerung einen eminent hohen und weiter wachsenden Stellenwert. Eine gute Gesundheit steht für die Bevölkerung auf Rang 1 der Voraussetzungen für ein zufriedenes, glückliches Leben. Der Stellenwert der Gesundheit ist gerade in den letzten Jahren noch einmal deutlich angestiegen. Ende der achtziger Jahre nannten 71 Prozent der Bevölkerung die Gesundheit als eine wesentliche Voraussetzung ihres Lebensglücks, heute 81 Prozent; unter Frauen stieg der Anteil von 74 auf 82 Prozent, bei Männern im selben Zeitraum von 68 auf 80 Prozent. Die Bemühungen, die Gesundheit zu erhalten, prägen zunehmend den Alltag. So ist der Anteil der Bevölkerung, der auf eine gesundheitsbewußte Ernährung Wert legt, in den letzten zehn Jahren deutlich angestiegen. Zu Beginn der achtziger Jahre war eine gesundheitsbewußte Ernährung noch für 48 Prozent der Bevölkerung kein Thema, heute nur noch für 36 Prozent. Der Anteil der Bevölkerung, der kontinuierlich auf eine gesundheitsbewußte Ernährung achtet, ist in diesem Zeitraum von 31 auf 37 Prozent angestiegen, der Anteil der Bevölkerung, der gesundheitliche Überlegungen zumindest partiell bei der Ernährung berücksichtigt, von 21 auf 26 Prozent. Frauen haben sich weitaus konsequenter umorientiert als Männer. Zu Beginn der achtziger Jahre achteten 37 Prozent der Frauen konsequent auf eine gesundheitsbewußte Ernährung, heute 47 Prozent; im selben Zeitraum stieg dieser Anteil bei Männern lediglich von 23 auf 25 Prozent. Diese Unterschiede zwischen Männern und Frauen prägen auch die Situation in Ostdeutschland, wo allerdings eine gesundheitsbewußte Ernährung zur Zeit noch weniger im Vordergrund steht als in Westdeutschland *(Tabellen 50* und *51)*.

Die Gesundheit und Gesundheitsvorsorge beschäftigt Frauen in Ost und West in hohem Maße: 57 Prozent der ostdeutschen, 51 Prozent der westdeutschen Frauen beschäftigen sich häufig mit Gesundheitsthemen. Die über-

Tabelle 49:

Subjektiver Gesundheitszustand nach Altersgruppen

Frage:
Wie würden Sie zur Zeit im großen und ganzen Ihren Gesundheitszustand beschreiben?

	Westdeutschland Frauen insges.	Frauen in den Altersgruppen							Westdeutschland Männer insges.	Männer in den Altersgruppen						
		18–20 Jahre	21–29 Jahre	30–39 Jahre	40–49 Jahre	50–59 Jahre	60–69 Jahre	70 Jahre u. älter		18–20 Jahre	21–29 Jahre	30–39 Jahre	40–49 Jahre	50–59 Jahre	60–69 Jahre	70 Jahre u. älter
	%	%	%	%	%	%	%	%	%	%	%	%	%	%	%	%
Gut	58	86	82	76	63	44	38	25	68	88	79	81	65	57	55	36
Nicht ganz in Ordnung	36	10	17	19	33	44	56	64	28	8	17	18	30	41	42	50
Schlecht	5	x	1	2	2	10	6	10	2	x	2	x	3	2	2	11
Keine Angabe	1	4	x	3	2	2	x	1	2	4	2	1	2	x	1	3
	100	100	100	100	100	100	100	100	100	100	100	100	100	100	100	100

x = Wert unter 0,5.
Erhebungseinheit: Westdeutschland, Bevölkerung ab 18 Jahren.
Quelle: Allensbacher Archiv, IfD-Umfrage 3210.

Tabelle 50:

Ernährung und gesundheitliche Aspekte

Frage:
Manche Leute achten besonders auf eine gesunde Ernährung. Achten Sie auch besonders auf Ihre Ernährung, oder essen Sie einfach, was Ihnen schmeckt?

	Westdeutschland					
	Bev. insges.		Frauen		Männer	
	1982/ 1983*	1992	1982/ 1983*	1992	1982/ 1983*	1992
	%	%	%	%	%	%
Achte auf meine Ernährung	31	37	37	47	23	25
Esse, was mir schmeckt	48	36	39	26	58	48
Teils, teils	21	26	24	26	19	26
Keine Angabe	x	1	x	1	x	1
	100	100	100	100	100	100

* Bevölkerung ab 14 Jahren.
x = Wert unter 0,5.
Erhebungseinheit: Westdeutschland, Bevölkerung ab 16 Jahren.
Quelle: Allensbacher Archiv, IfD-Umfragen 4693, 5062.

Tabelle 51:

Frauen ernähren sich gesünder

Frage:
Manche Leute achten besonders auf eine gesunde Ernährung. Achten Sie auch besonders auf Ihre Ernährung, oder essen Sie einfach, was Ihnen schmeckt?

	Westdeutschland			Ostdeutschland		
	Bev. insges.	Frauen	Männer	Bev. insges.	Frauen	Männer
	%	%	%	%	%	%
Achte auf meine Ernährung	37	47	25	31	39	22
Esse, was mir schmeckt	36	26	48	43	32	55
Teils, teils	26	26	26	25	27	22
Keine Angabe	1	1	1	1	2	1
	100	100	100	100	100	100

Erhebungseinheit: Bundesrepublik Deutschland, Bevölkerung ab 16 Jahren.
Quelle: Allensbacher Archiv, IfD-Umfrage 5062.

wältigende Mehrheit der Frauen ist überzeugt, daß die Gesundheitsrisiken künftig größer werden, nur eine verschwindende Minderheit rechnet mit einer Verringerung *(Tabelle 52)*.

Tabelle 52:

Zunehmende Gesundheitsrisiken

Frage:
Wie schätzen Sie das ein, werden die Gesundheitsrisiken für die Menschen in Zukunft größer werden, oder werden sich diese Risiken verringern, oder wird sich da in Zukunft nicht viel verändern?

	Frauen insges. %
Gesundheitsrisiken werden größer	74
Risiken werden sich verringern	5
Wird sich nicht viel ändern	16
Unentschieden	5
	100

Erhebungseinheit: Bundesrepublik Deutschland, Frauen ab 14 Jahren.
Quelle: Allensbacher Archiv, IfD-Umfrage 3216.

Bereits bei sehr jungen Frauen trifft das Thema Gesundheitsvorsorge auf Interesse. 58 Prozent der 14- bis 20jährigen, 78 Prozent der 21- bis 29jährigen westdeutschen Frauen interessieren sich für Informationen über die Möglichkeiten der Gesundheitsvorsorge. Das Interesse an diesen Informationen nimmt über die verschiedenen Lebensphasen hinweg kontinuierlich zu, bis zum 60. Lebensjahr; nach dem 60. Lebensjahr wird das Interesse an Informationen zur Gesundheitsvorsorge teilweise substituiert durch das Interesse an Informationen über die Wiederherstellung der Gesundheit bzw. das Umgehen mit Krankheit. Neben dem Alter beeinflußt auch der Stellenwert der Familie das Interesse an Informationen über die Möglichkeiten der Gesundheitsvorsorge. Je wichtiger für Frauen die Familie als Lebensinhalt ist, desto größer ist das Interesse an dem Thema Gesundheitsvorsorge. Das überdurchschnittliche Interesse von Frauen an Gesundheitsfragen ist offensichtlich teilweise durch die Fürsorge für andere motiviert *(Schaubilder 18* und *19)*.

Schaubild 18:

Interesse an dem Thema »Gesundheitsvorsorge« (I)

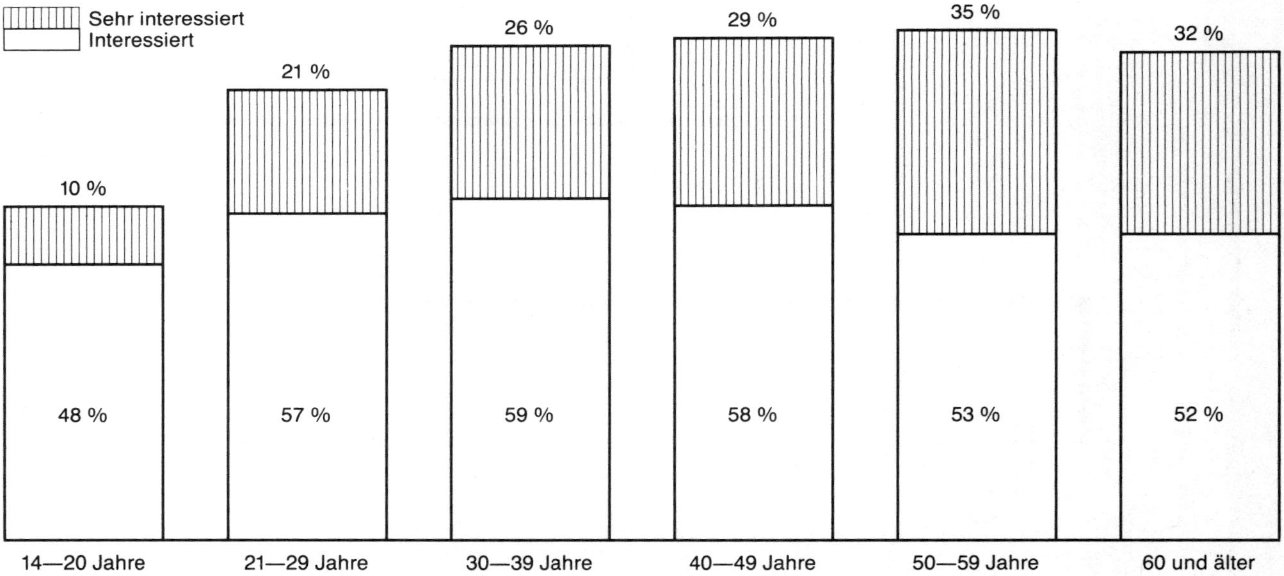

Erhebungseinheit: Bundesrepublik Deutschland, Frauen ab 14 Jahren.
Quelle: Allensbacher Archiv, IfD-Umfrage 3216.

Schaubild 19:

Interesse an dem Thema »Gesundheitsvorsorge« (II)

Es interessieren sich sehr für Gesundheitsvorsorge:

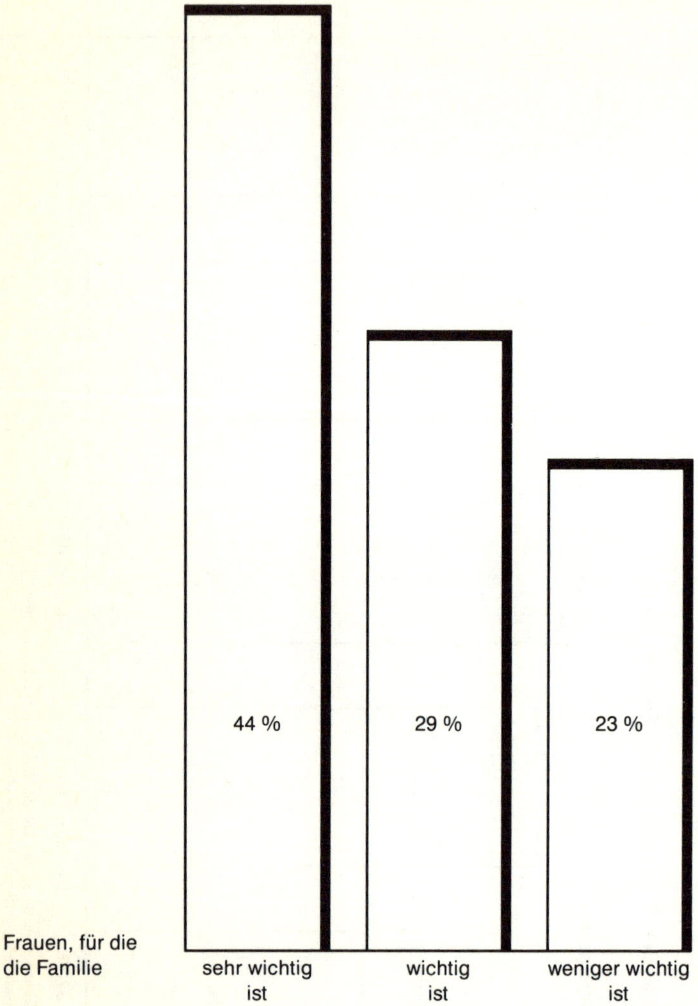

Erhebungseinheit: Bundesrepublik Deutschland, Frauen ab 14 Jahren.
Quelle: Allensbacher Archiv, IfD-Umfrage 3216.

Die Bereitschaft, Gesundheitsorientierung konsequent im Alltag zu leben, hängt entscheidend von dem Lebensalter ab. Insgesamt finden es 52 Prozent der westdeutschen wie der ostdeutschen Frauen wichtig, sich im Alltag konsequent an dem Ziel Gesundheit zu orientieren und für dieses Ziel auch auf manches zu verzichten. Die Aufschlüsselung nach Altersgruppen zeigt jedoch, daß bis zum 30. Lebensjahr der unbedenkliche Umgang mit der Gesundheit überwiegt, und erst nach dem 30. Lebensjahr das Bewußtsein wächst, daß Gesundheit nicht selbstverständlich ist, sondern systematisch gepflegt werden muß. Das Ziel Gesundheit und das Interesse an Informationen über diesen Bereich spielen zwar schon bei unter 30jährigen Frauen eine große Rolle; die konsequente Umsetzung in den Alltag erfolgt jedoch zu einem späteren Zeitpunkt, wenn die Gefährdung der Gesundheit stärker in das Bewußtsein tritt. Von den 14- bis 20jährigen Frauen lebt jede dritte konsequent gesundheitsorientiert, von den 40- bis 49jährigen 50 Prozent, von den 60jährigen und älteren 63 Prozent *(Tabelle 53)*. Auch die gedankliche Auseinandersetzung mit der eigenen Gesundheit nimmt über die Lebensphasen hinweg kontinuierlich zu. Von den 14- bis 20jährigen denken 30 Prozent häufig über die eigene Gesundheit nach, von den 40- bis 49jährigen 45 Prozent und von den 60jährigen und älteren 75 Prozent. Die Altersaufgliederung zeigt, daß das 40. Lebensjahr eine entscheidende Schwelle darstellt, ab der die Auseinandersetzung mit der eigenen Gesundheit rapide zunimmt *(Schaubild 20)*. Die Sensibilisierung für die eigene Gesundheit wird durch die Erfahrung von Gesundheitsrisiken stimuliert. Bis Ende 30 fehlt der Mehrheit der Frauen die Erfahrung einer ernstlichen Beeinträchtigung ihrer Gesundheit. Nach dem 40. Lebensjahr hat die Mehrheit Erfahrung mit ernsten Krankheiten, nach dem 60. Lebensjahr bereits rund 70 Prozent. Die Angewiesenheit auf Medikamente steigt nach dem 50. und noch einmal nach dem 60. Lebensjahr sprunghaft an. Parallel entwickelt sich das Bewußtsein, ausgeprägt gesundheitsorientiert leben und den Alltag auf das Ziel Gesundheitsorientierung hin ausrichten zu müssen *(Schaubilder 21* und *22)*.

Tabelle 53:

Gesundheitsorientierung nach Altersgruppen

	Westdeutschland Altersgruppen 14–20 Jahre %	21–29 Jahre %	30–39 Jahre %	40–49 Jahre %	50–59 Jahre %	60 Jahre u. älter %	Bundesrepublik Deutschland Frauen insgesamt %
Ich finde es ganz wichtig, etwas für meine Gesundheit zu tun. Deswegen lebe ich sehr gesund und verzichte auch gerne auf etwas, was für meine Gesundheit schädlich sein kann, das heißt ja nicht, daß man deswegen weniger Spaß am Leben hat als andere	34	41	47	50	58	63	52
Ich will Dinge tun, an denen ich Freude habe, ohne ständig darüber nachzudenken, ob das für meine Gesundheit schädlich ist oder nicht	54	45	42	39	29	26	36
Unentschieden	12	14	11	11	13	11	12
	100	100	100	100	100	100	100

Erhebungseinheit: Bundesrepublik Deutschland, Frauen ab 14 Jahren.
Quelle: Allensbacher Archiv, IfD-Umfrage 3216.

Schaubild 20:

Beschäftigung mit der eigenen Gesundheit

Es denken häufig über die eigene Gesundheit nach

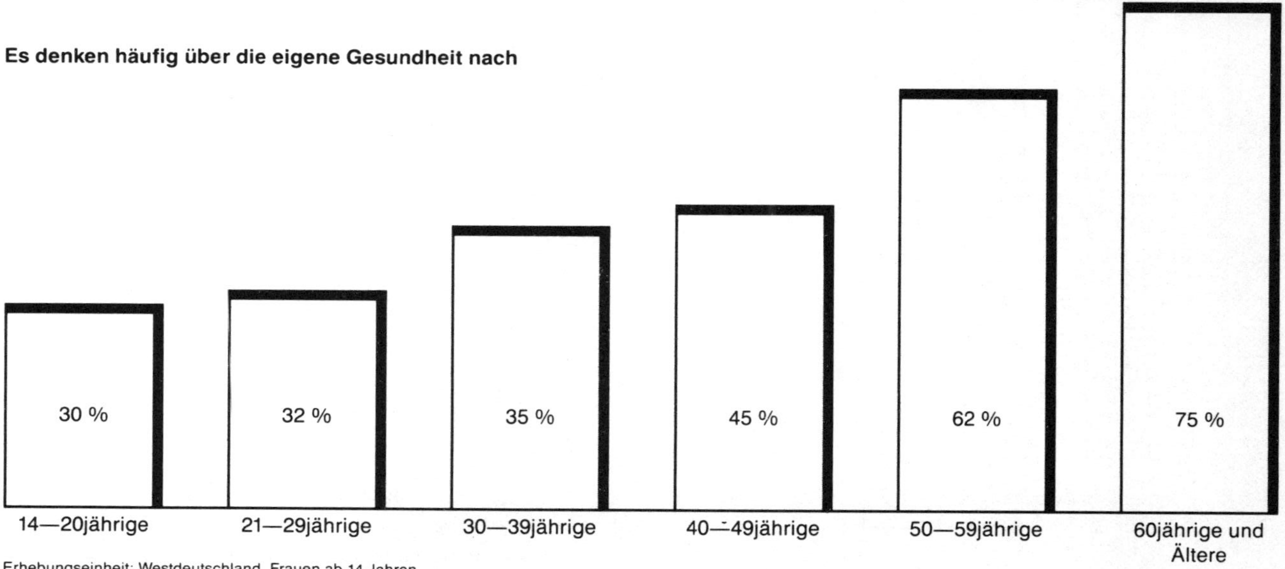

Erhebungseinheit: Westdeutschland, Frauen ab 14 Jahren.
Quelle: Allensbacher Archiv, IfD-Umfrage 3216.

Schaubild 21:

Veränderung der Gesundheit mit zunehmendem Alter (I)

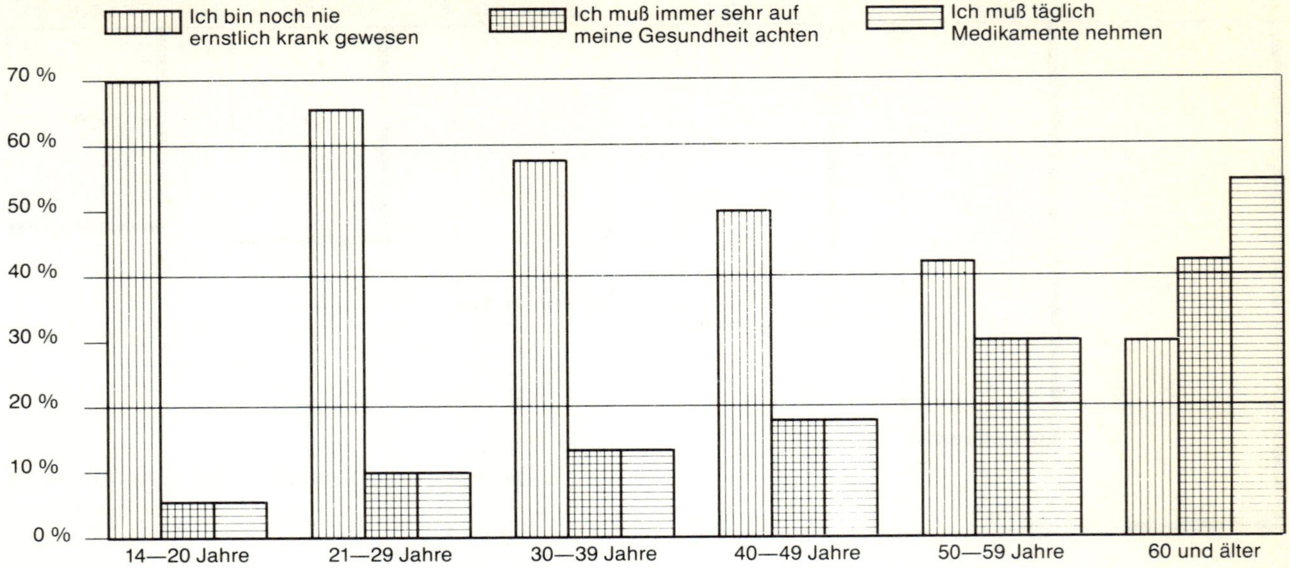

Erhebungseinheit: Bundesrepublik Deutschland. Frauen ab 14 Jahren.
Quelle: Allensbacher Archiv. IfD-Umfrage 3216

Schaubild 22:

Veränderung der Gesundheit mit zunehmendem Alter (II)

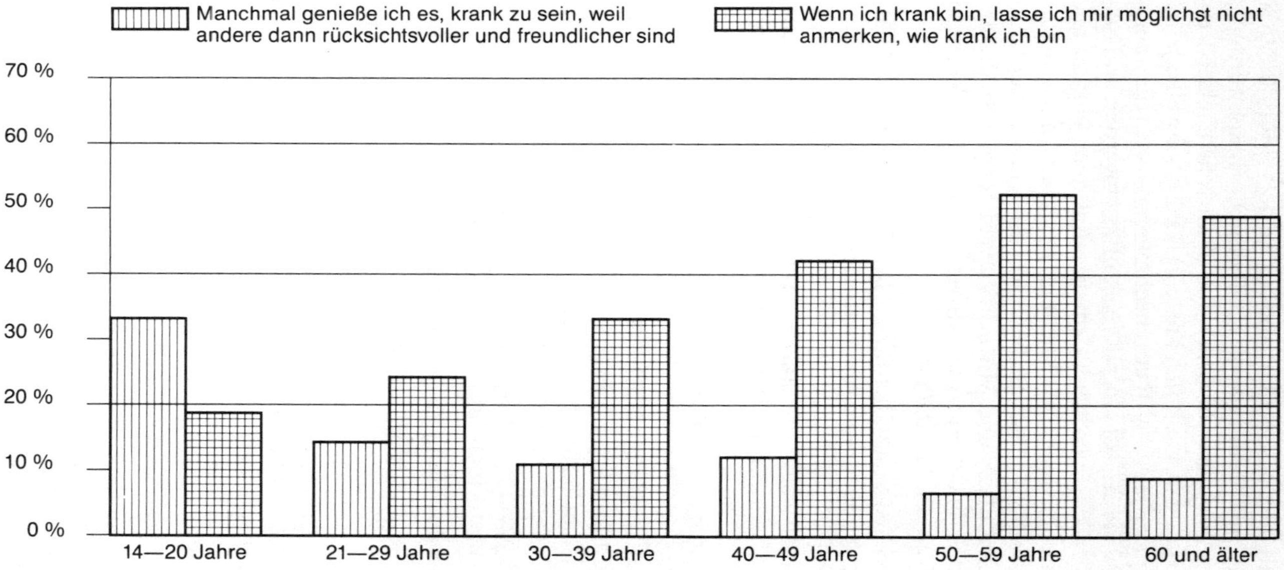

Erhebungseinheit: Bundesrepublik Deutschland, Frauen ab 14 Jahren.
Quelle: Allensbacher Archiv, IfD-Umfrage 3216.

Nicht nur für die Gesamtbilanz der Gesundheit, sondern auch für bestimmte gesundheitliche Beschwerden gibt es Schwellenjahre, in denen die Wahrscheinlichkeit einer Erkrankung beträchtlich ansteigt. Diese Schwellenjahre liegen beispielsweise bei Rückenschmerzen sehr früh, bei Anfang bis Mitte 20, bei Herz-Kreislaufbeschwerden und Schlafstörungen dagegen nach dem 50. und noch einmal nach dem 60. Lebensjahr, bei Rheuma vor allem nach dem 60. Lebensjahr. Wechseljahrbeschwerden sind in erster Linie zwischen Anfang und Mitte 50 zu verzeichnen. In dieser Altersgruppe leidet gut jede dritte Frau unter Wechseljahrbeschwerden *(Schaubilder 23* und *24)*.

Bei vielen gesundheitlichen Beschwerden hat ein beträchtlicher Anteil der davon betroffenen Frauen Probleme, diese Beeinträchtigungen der Gesundheit zu bewältigen. Das gilt beispielsweise für starke Erkältungen, Rückenschmerzen, Schlafstörungen, Herz- und Kreislaufbeschwerden, Migräne und Nervosität, aber in beträchtlichem Umfang auch für Menstruationsprobleme und Beschwerden in den Wechseljahren. 46 Prozent der Frauen haben Erfahrungen mit Herz- und Kreislaufbeschwerden, aber nur jede zweite der davon betroffenen Frauen wird mit diesen Beeinträchtigungen leicht fertig. 33 Prozent haben Erfahrungen mit Wechseljahrbeschwerden; von den betroffenen Frauen werden 60 Prozent mit diesen Beschwerden fertig, 40 Prozent davon sehr beeinträchtigt *(Schaubild 25)*.

Die Einstellung zu Medikamenten ist kritisch, aber bei der großen Mehrheit der Frauen keineswegs verhärtet ablehnend. 70 Prozent der westdeutschen Frauen möchten nur im Notfall Medikamente nehmen, wenn sich die Beschwerden auf andere Weise nicht beseitigen lassen. Diese Grundhaltung hängt jedoch in hohem Maße von dem Gesundheitszustand ab. Je mehr Erfahrungen mit gesundheitlichen Beeinträchtigungen gesammelt werden, desto stärker werden Medikamente als Problemlöser, desto weniger als Risiko eingeschätzt *(Tabelle 54)*.

Irrationale Vorbehalte gegen Medikamente sind die Haltung einer Minderheit. Knapp jede fünfte Frau stimmt der rigorosen Forderung zu, alle Medikamente zu verbieten, die Nebenwirkungen aufweisen. Gleichzeitig ist nicht zu ver-

Schaubild 23:

Entwicklung gesundheitlicher Beeinträchtigungen (I)

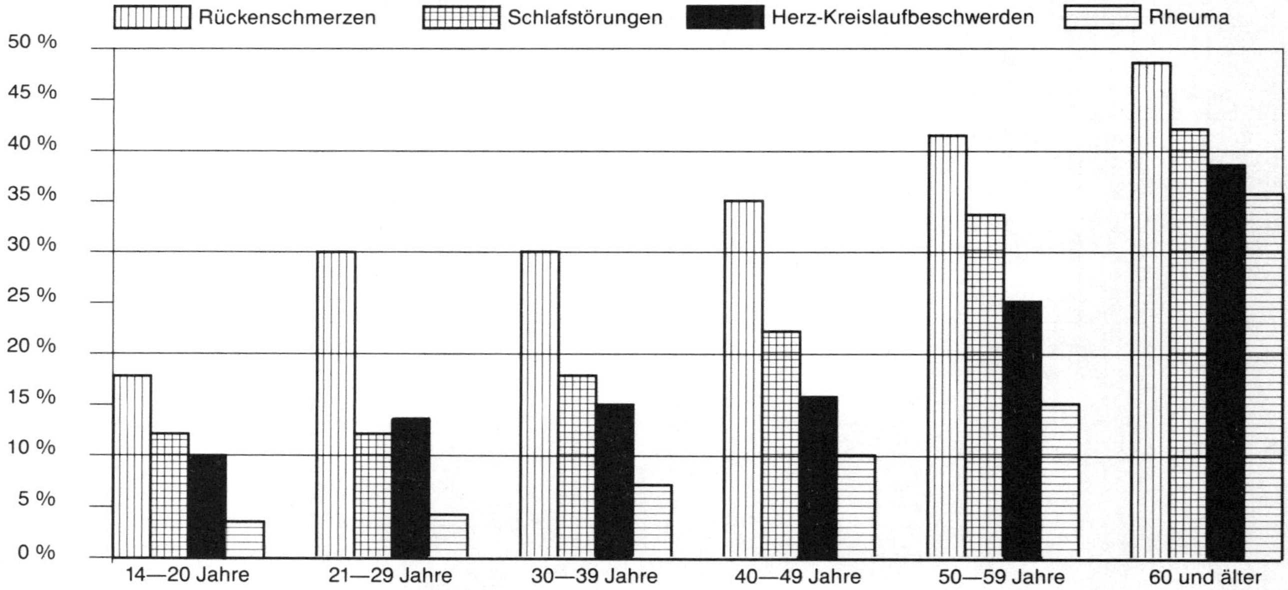

Erhebungseinheit: Bundesrepublik Deutschland, Frauen ab 14 Jahren.
Quelle: Allensbacher Archiv, IfD-Umfrage 3216.

Schaubild 24:

Entwicklung gesundheitlicher Beeinträchtigungen (II)

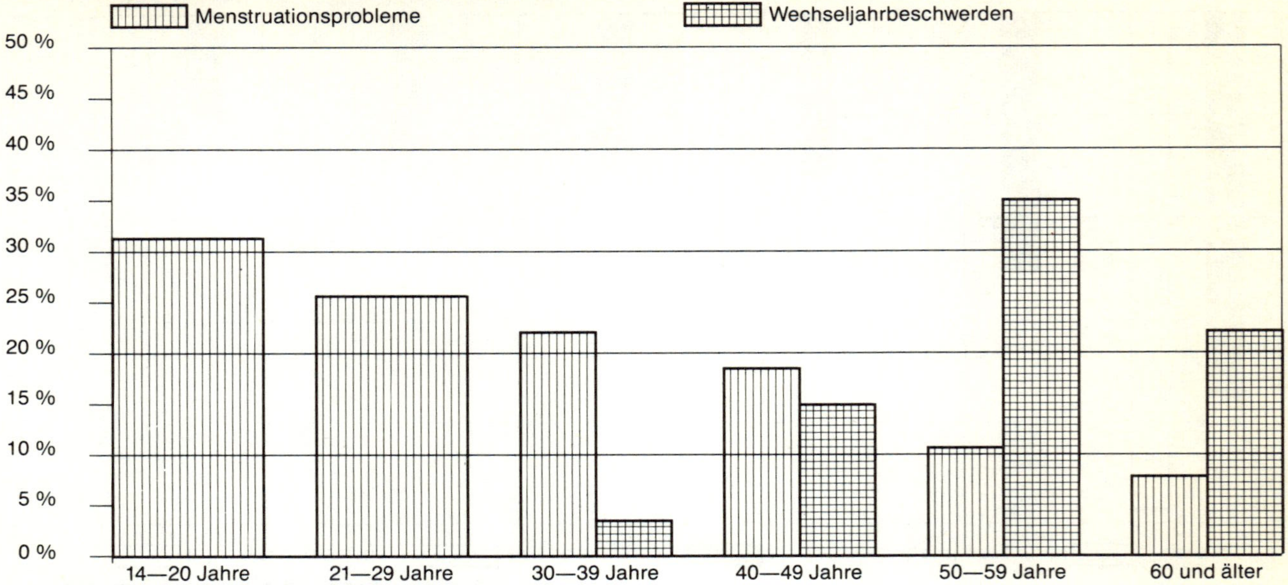

Erhebungseinheit: Bundesrepublik Deutschland, Frauen ab 14 Jahren.
Quelle: Allensbacher Archiv, IfD-Umfrage 3216.

Tabelle 54:

Einstellungen zu Medikamenten

	Westdeutschland Frauen insgesamt	Gesundheitszustand	
		(sehr) gut	nicht so gut
	%	%	%
Ich versuche es immer zu vermeiden, Medikamente zu nehmen. Nur im äußersten Notfall würde ich Medikamente nehmen, wenn die Beschwerden anders gar nicht zu beseitigen sind	70	75	58
Das sehe ich anders. Medikamente helfen, daß man sich wohl fühlt, und helfen auch, die Gesundheit zu erhalten	21	17	32
Unentschieden	9	8	10
	100	100	100

Erhebungseinheit: Westdeutschland, Frauen ab 14 Jahren.
Quelle: Allensbacher Archiv, IfD-Umfrage 3216.

kennen, daß die kontinuierliche Diskussion über Nebenwirkungen die Verbraucher teilweise beträchtlich verunsichert. Auch die Einstellung zu Beipackzetteln wird teilweise von dieser Verunsicherung bestimmt. Immerhin 29 Prozent der weiblichen Bevölkerung fühlen sich durch die Informationen der Beipackzettel eher verunsichert als informiert. Dabei wird besonders auch die mangelnde Verständlichkeit der Beipackzettel moniert, die häufig in einer Fachsprache abgefaßt sind, die für den medizinischen Laien unverständlich ist.

Schaubild 25:

Bewältigung gesundheitlicher Probleme (Angaben in %)

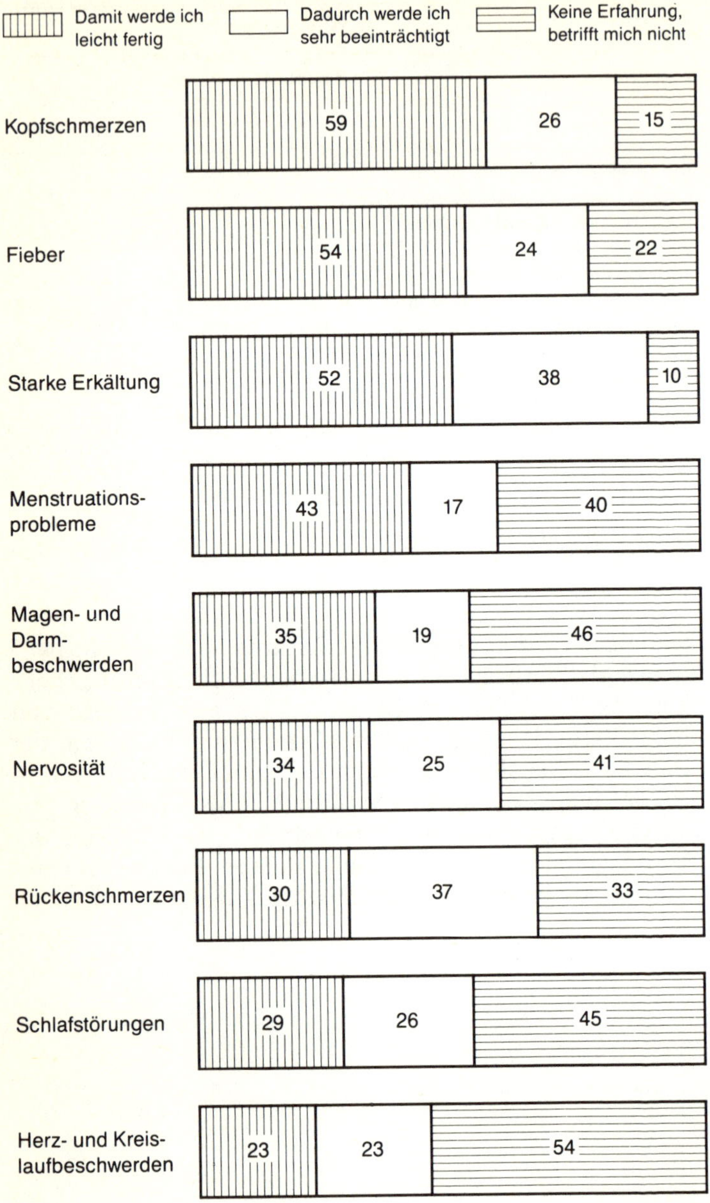

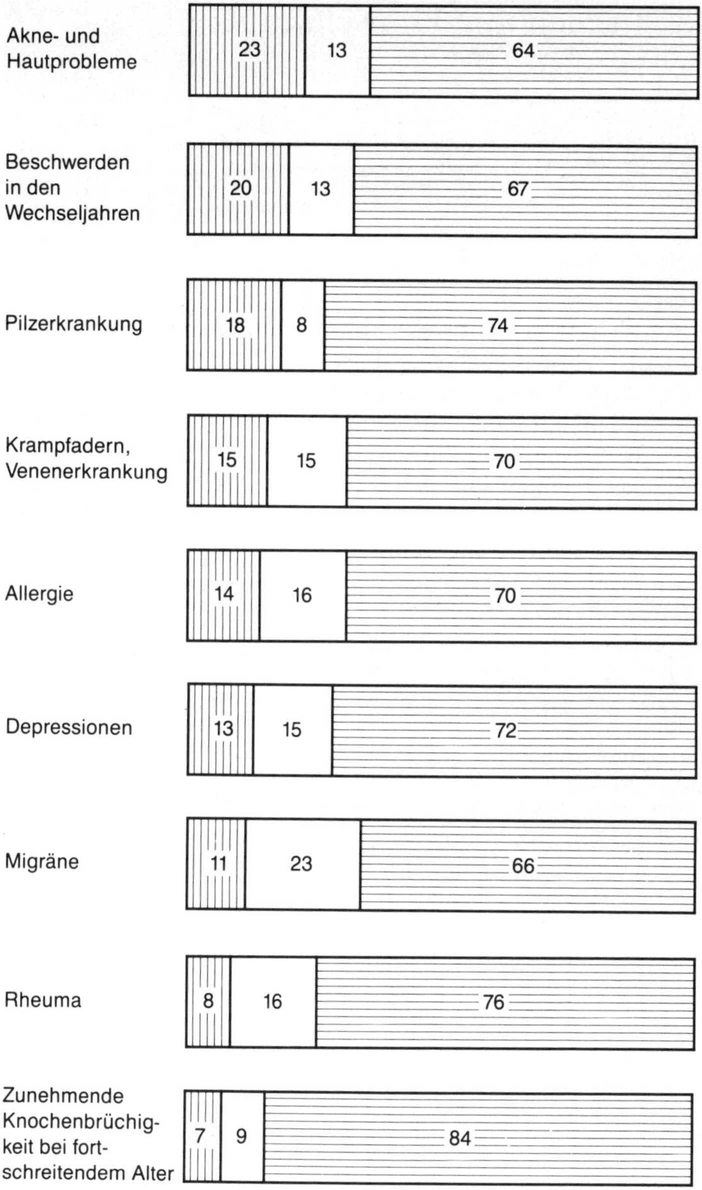

Erhebungseinheit: Bundesrepublik Deutschland, Frauen ab 14 Jahren.
Quelle: Allensbacher Archiv, IfD-Umfrage 3216.

8. Frauen und Umweltschutz

Den Schutz der Umwelt zählt die Bevölkerung seit Jahren zu den vordringlichen politischen Anliegen. Die Gefährdung der Umwelt wird als gravierend eingestuft, wobei mehr der Verlust der intakten Natur beunruhigt als Risiken für die Gesundheit. Das Umweltthema ist zumindest bisher für die Bevölkerung nicht in erster Linie ein Gesundheitsthema. Dies bestätigte sich auch in den Intensivinterviews, in denen die Frauen einmütig Umweltschutz als besonders dringend bewerteten, jedoch in diesem Zusammenhang kaum das Thema Gesundheit erwähnten. Erst auf die konkrete Nachfrage stellten viele auch einen Bezug zu gesundheitlichen Risiken her, doch man merkt den Antworten teilweise an, daß es ein ungewohnter Gedanke war:

> »Auswirkungen auf die Gesundheit durch die Umwelt habe ich bis jetzt eigentlich noch nicht bemerkt, aber Befürchtungen habe ich schon, daß es auch einmal die Gesundheit beeinträchtigen könnte.«

> »Bemerkt habe ich bisher noch nichts, aber man weiß ja nicht, was alles so im Grundwasser ist, durch die Mülldeponien und sonstige Verunreinigungen, was man so mit dem Trinkwasser wieder zu sich nimmt.«

> »Ich habe nicht das Gefühl, daß meine Gesundheit durch die Umwelt bedroht wird. Sicherlich ist sie gefährdet, da wir täglich der Umwelt ausgesetzt sind und uns in ihr bewegen, so daß unserer Gesundheit jederzeit etwas zustoßen kann.«

> »Was mich sehr erschreckt, ist, daß die Wälder immer weniger werden. Wenn man die Bilder sieht, immer weniger Grün; wenn man durch den Wald geht, dann sind doch viele Bäume sichtbar krank. Das versetzt mich schon in Sorge, nicht so sehr in Sorge um meine eigene Gesundheit, aber für meine Enkel und Urenkel.«

Als besonders schädlich für die Umwelt stuft die weibliche Bevölkerung Giftmüll, Spraydosen, die Kernenergie, Chlorreiniger, Kunstdünger, Benzin und Batterien ein. Arzneimittel sehen dagegen nur 14 Prozent als eine besonders gravierende Gefahr für die Umwelt an *(Schaubild 26)*.

In der Überzeugung, daß Arzneimittel nicht zu den gravierenden Umweltgefährdungen zählen, sind sich Frauen in Ost und West einig. Ansonsten werden viele Risiken von Frauen in Westdeutschland höher eingeschätzt als Folge der seit Jahren geführten Umweltschutzdiskussion, die das Verbraucherbewußtsein beträchtlich beeinflußt hat. Insbesondere Spraydosen, Chlorreiniger, Batterien, Plastikverpackungen und Reinigungsmittel werden von Frauen in Westdeutschland in höherem Maße als gravierende Umweltrisiken eingestuft; umgekehrt werden die Belastungen durch Kohleöfen, Verkehrslärm und Blechdosen in Ostdeutschland höher angesetzt.

Übersicht 14:

Einschätzung schädlicher Gegenstände

Besonders schädlich sind (Auszug)	Frauen in West- deutschland %	Ost- deutschland %
Spraydosen	76	67
Chlorreiniger	56	42
Batterien	54	42
Plastiktüten	35	27
Plastikflaschen	33	20
WC-Reiniger	28	16
Kohleöfen	23	31
Verkehrslärm	20	33
Arzneimittel	14	14
Blechdosen	11	18

Die meisten Frauen gaben an, daß sie im Alltag Anstrengungen unternehmen, dem Umweltschutz Rechnung zu tragen, vor allem durch das Einkaufsverhalten, durch die gezielte Nutzung umweltfreundlicher und die Vermeidung umweltschädlicher Produkte, die Vermeidung bestimmter Verpackungen und die Sortierung von Abfällen:

»Ich sortiere meinen Abfall, beim Einkauf achte ich mehr als früher darauf, keine Einwegflaschen zu kaufen. Generell achte ich auf Verpackungen. Im politischen Bereich bin ich im Arbeitskreis Abfall und

Schaubild 26:

Was ist besonders schädlich für die Umwelt? (Angaben in %)

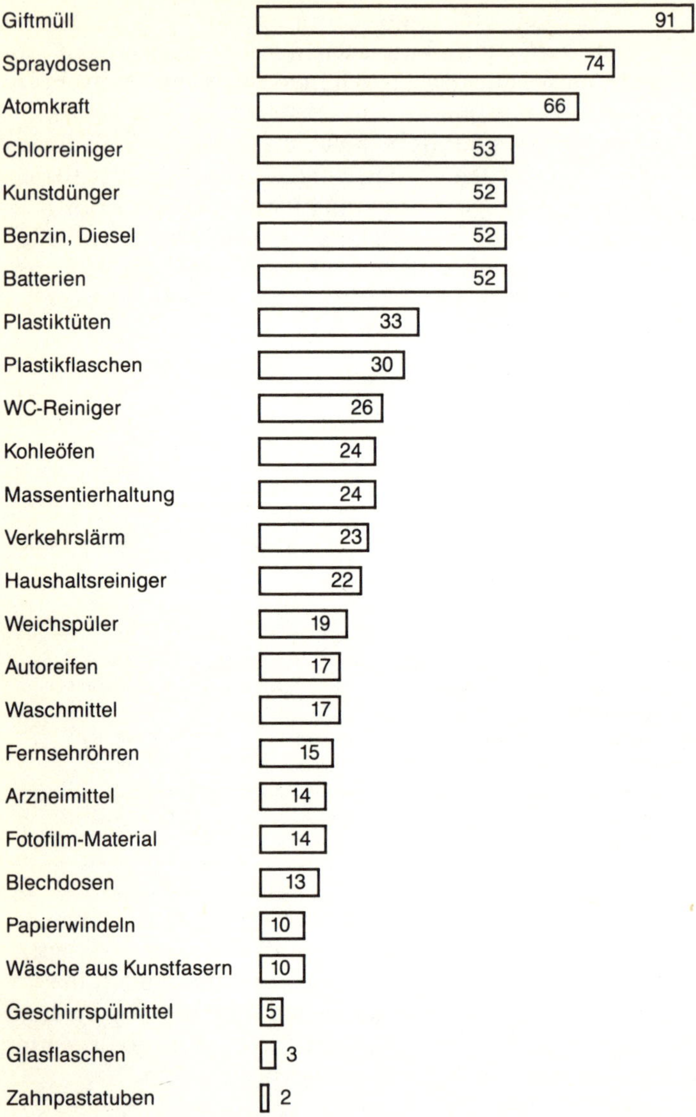

Erhebungseinheit: Bundesrepublik Deutschland, Frauen ab 14 Jahren.
Quelle: Allensbacher Archiv, IfD-Umfrage 3216.

versuche da mit einer Kampagne ›Feste feiern mit weniger Abfall‹ was zu machen, also Ideen zu entwickeln, wie Feste möglichst umweltfreundlich gestaltet werden können.«

»Ich nehme jetzt immer alte Plastiktüten oder ein Netz zum Einkaufen mit. Außerdem kaufe ich Waschmittel mit Phosphat nicht mehr und auch keine scharfen Sachen zum Putzen. Einwegflaschen gibt's bei mir auch keine mehr oder solche Getränkepackungen zum Wegwerfen.«

»Beim Einkauf achte ich auf wenig Verpackung. Ich benutze keine scharfen Mittel zum Reinigen mehr.«

»Ich vermeide Plastiktaschen, gieße keine Säure in den Abfluß, sondern gebe sie zum Sondermüll.«

»Wenn ich die Möglichkeit habe, etwas für die Umwelt zu tun, so mache ich das auch, zum Beispiel wenn Container da sind für Glas und Papier, dann nutze ich die auch.«

Nur eine Minderheit qualifizierte die individuellen Bemühungen um Umweltschutz als weitgehend sinnlos ab und sah die Verantwortung ausschließlich bei der Wirtschaft bzw. in erster Linie bei der Industrie:

»Die Auffassung, man könnte als einzelner wirklich etwas für den Umweltschutz tun, stimmt ja so nicht. Klar, man kann seinen Müll sortieren oder *Greenpeace* und *Robin Wood* unterstützen. Aber all das löst doch das grundsätzliche Problem nicht. Sie wissen doch selbst, wie Verpackungen von Produkten aussehen. Zwei kleine Kuliminen in einer riesigen Plastikverpackung. Hinter der ganzen Sache stehen doch handfeste Interessen der Verpackungsindustrie.«

»Ich denke, zunächst einmal muß die Industrie sich ändern. Es wird immer auf den kleinen Mann geschaut, und was die Industrie uns alles beschert, wird vielfach vertuscht.«

In der Repräsentativbefragung gab die große Mehrheit der Frauen an, daß sie aus Umweltschutzgründen Glas und Papier getrennt sammelt, Textilien in Kleidersammlungen gibt, umweltgefährdende Stoffe so entsorgt, daß sie nicht in das Abwasser geraten, alte Batterien getrennt sammelt und Arzneimittel nach dem Verfallsdatum in der Apotheke abgibt. Die beiden letzten Punkte sind bisher allerdings nur in Westdeutschland weit verbreitet. Die Mehrheit der Frauen achtet beim Einkauf auch darauf, nicht mehr Verpackung als nötig mitzunehmen, möglichst wenig Einwegprodukte zu kaufen und generell umweltverträgliche Produkte beim Einkauf zu begünstigen. Bei der Bewertung der Ergebnisse ist zu berücksichtigen, daß sie nur begrenzt regelmäßig praktiziertes Verhalten widerspiegeln. Vielmehr erfassen die

Daten den weitesten Kreis, der zumindest gelegentlich solche Maßnahmen praktiziert *(Schaubild 27)*.

Zur Zeit dominieren in der Umweltdiskussion die Teilaspekte Entsorgung und Verpackung. Dies wurde auch in den Intensivinterviews deutlich; die Frauen zählten in erster Linie eine Reduzierung des Verpackungsmaterials, die Nutzung von Mehrwegverpackungen und Maßnahmen zur Abfallreduzierung beziehungsweise zum Recycling als sinnvolle Maßnahmen auf.

In den Intensivinterviews wurde auch bereits deutlich, daß es für ein Unternehmen außerordentlich schwierig ist, sich als ausgeprägt umweltorientiert zu profilieren. Von den zahlreichen, teilweise auch mit großem PR-Aufwand unternommenen Anstrengungen der Wirtschaft im Bereich Umweltschutz hat sich in der Erinnerung der Bevölkerung erstaunlich wenig festgesetzt. Auch die befragten Frauen hatten überwiegend Mühe, sich an konkrete Maßnahmen einzelner Unternehmen zu erinnern:

> »Im Moment fallen mir da gar keine Aktionen oder Unternehmen ein.«

> »An einzelne Unternehmen kann ich mich nicht erinnern. Aber bei uns gab es eine Umweltschutzmaßnahme: Da wurde die Straße aufgerissen und mit sechs Röhren versehen, daß die Kröten nicht mehr über die Straße laufen müssen. Ich finde das gut, das ist ja für die Zukunft.«

> »Unternehmen, die sich besonders für Umweltschutz einsetzen, kenne ich keine.«

> »Das sind heute die Unternehmen, die früher die Umwelt stark belastet haben, die Chemiekonzerne zum Beispiel. *Greenpeace* ist für mich eine Institution, die sich konsequent für Umweltschutz einsetzt.«

> »Unternehmen, die sich besonders für Umweltschutz einsetzen, fallen mir keine ein. Es fallen mir auch keine Umweltschutzmaßnahmen aus der letzten Zeit ein, die ich besonders gut gefunden hätte.«

> »Hier tönen ja irrwitzigerweise die Chemiekonzerne am lautesten, die einem ja sogar die Gentechnologie als einen Beitrag zum Umweltschutz verkaufen wollen. Die Anzeigenkampagnen sind ja der reine Hohn, wenn sich hochkarätige Ökosünder zu Musterknaben des Umweltschutzes hochstilisieren und dabei auch noch gnadenlos absahnen wollen.«

Ressentimentgeladene Stellungnahmen wie die letzte waren die Ausnahme. Die Zitate belegen jedoch, wie unzureichend die bisherigen Strategien und Konzepte der Unternehmen waren, die sich seit Jahren bemühen, sich über das Thema Umweltschutz zu profilieren.

Schaubild 27:

Maßnahmen für den Umweltschutz (Angaben in %)

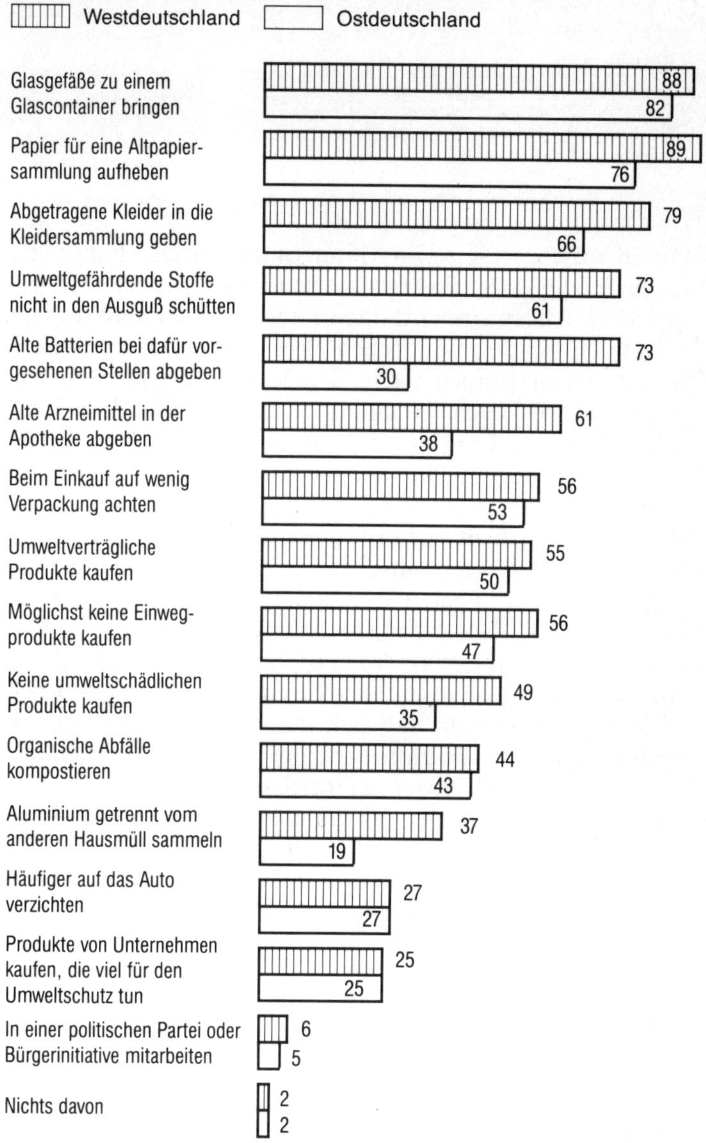

Erhebungseinheit: Bundesrepublik Deutschland, Frauen ab 14 Jahren.
Quelle: Allensbacher Archiv, IfD-Umfrage 3216.

9. Frauen und Politik

Die Interessengebiete von Männern und Frauen haben sich in den letzten Jahrzehnten in vielen Bereichen einander angenähert. Allgemein wird davon ausgegangen, daß dies gerade auch für den politischen Bereich gilt. Das politische Interesse von Frauen ist in den letzten Jahrzehnten eindrucksvoll gestiegen. Noch zu Beginn der fünfziger Jahre gab jede zweite Frau an, daß sie sich überhaupt nicht für Politik interessiert; Ende der sechziger Jahre waren es nur noch 23 Prozent, heute 15 Prozent. Bei vielen hat sich das Desinteresse jedoch nur in begrenztes Interesse gewandelt; 51 Prozent der westdeutschen Frauen interessieren sich zwar für Politik, aber nicht sonderlich intensiv; der Kreis politisch interessierter Frauen umfaßt heute gerade 34 Prozent. Nur im Jahr der Vereinigung Deutschlands stieg dieser Anteil vorübergehend auf 40 Prozent an. Die Langzeitperspektive zeigt jedoch, daß sich der Kreis politisch interessierter Frauen seit Beginn der fünfziger Jahre verdreifacht hat, von 11 auf 34 Prozent. Trotzdem hat sich der Abstand im politischen Interesse von Männern und Frauen in dieser Zeit nur wenig verringert, da sich das Interesse von Männern an Politik fast gleichläufig erhöhte: 1951 interessierten sich 46 Prozent der westdeutschen Männer für Politik, heute 59 Prozent *(Tabelle 55)*.

Das nach wie vor beträchtliche Bildungsgefälle zwischen Männern und Frauen erklärt das geringere politische Interesse nur sehr begrenzt: Ein Vergleich junger Frauen mit höherer Schulbildung mit gleichaltrigen, nach dem Bildungsabschluß gleich qualifizierten Männern zeigt die vertraute große Kluft im politischen Interesse bei Männern und Frauen insgesamt. Während eine höhere Schulbildung das politi-

Tabelle 55:

Politisches Interesse bei Männern und Frauen

Frage:
Einmal ganz allgemein gesprochen: Interessieren Sie sich für Politik?

	Westdeutschland					
	Ja		Nicht besonders		Gar nicht	
	Männer %	Frauen %	Männer %	Frauen %	Männer %	Frauen %
1951	46	11	42	39	12	50
1960	50	15	41	46	9	39
1969	56	27	38	50	6	23
1979	64	31	33	51	3	18
1985	65	34	31	51	4	15
1990	65	40	32	48	3	12
1992	59	34	37	51	4	15

Erhebungseinheit: Westdeutschland, Bevölkerung ab 16 Jahren.
Quelle: Allensbacher Archiv, IfD-Umfragen 1052, 2008, 2090, 3065, 4052/53/55/58/59, 5035, 5061.

sche Interesse von Männern eminent beeinflußt, ist das bei Frauen nur sehr begrenzt der Fall. In Ostdeutschland beeinflußt dagegen eine höhere Schulbildung das politische Interesse von Frauen weitaus stärker als in Westdeutschland und trägt zum Abbau des Gefälles im politischen Interesse zwischen Männern und Frauen bei *(Tabelle 56)*.

Frauen interessieren sich weniger für Politik als Männer und kommunizieren auch weniger über politische Themen. 17 Prozent der westdeutschen Männer, aber 35 Prozent der westdeutschen Frauen unterhalten sich so gut wie nie über Politik, nur 16 Prozent der Frauen, 30 Prozent der Männer häufig. Auch in Ostdeutschland kommunizieren Männer intensiver über Politik als Frauen, wenn die Diskrepanz auch signifikant geringer ist als in Westdeutschland *(Tabelle 57)*. Das nach wie vor deutlich geringere Interesse von Frauen an politischen Problemen geht mit entsprechend geringeren politischen Kenntnissen einher und größerer Unsicherheit bei vielen politischen Entscheidungen. Nur eine Minderheit der Frauen informiert sich kontinuierlich und systematisch über politische und wirtschaftliche Entwicklungen.

Tabelle 56:

Interesse an Politik im Ost-West-Vergleich

Frage:
Einmal ganz allgemein gesprochen: Interessieren Sie sich für Politik?

	Westdeutschland unter 30jährige				Ostdeutschland unter 30jährige			
	Frauen mit		Männer mit		Frauen mit		Männer mit	
	einfacher Schulbild. %	höherer Schulbild. %	einfacher Schulbild. %	höherer Schulbild. %	einfacher Schulbild. %	höherer Schulbild. %	einfacher Schulbild. %	höherer Schulbild. %
Ja	23	35	32	61	27	61	47	77
Nicht besonders	52	50	52	33	58	34	48	23
Gar nicht	25	15	16	6	15	5	5	x
	100	100	100	100	100	100	100	100

x = Wert unter 0,5.
Erhebungseinheit: Bundesrepublik Deutschland, Bevölkerung ab 16 Jahren.
Quelle: Allensbacher Archiv, IfD-Umfrage 5061.

Tabelle 57:

Gesprächsthema Politik

Frage:
Unterhalten Sie sich manchmal über Politik?

	Männer 1953	1979	1991* West	Ost	Frauen 1953	1979	1991* West	Ost
	%	%	%	%	%	%	%	%
Ja, häufig	16	27	30	42	4	16	16	30
Ja, gelegentlich	39	52	53	49	21	45	49	50
Nein, kaum	45	21	17	9	75	39	35	20
	100	100	100	100	100	100	100	100

* 1991: Gesamtdeutschland.
Erhebungseinheit: Westdeutschland mit West-Berlin, Bevölkerung ab 18 Jahren.
Quelle: Allensbacher Archiv, IfD-Umfragen 225, 1287, 3210.

Zwar lesen zwei Drittel der Frauen regelmäßig eine Tageszeitung und haben hier gegenüber Männern deutlich aufgeholt; doch Männer und Frauen lesen anders Zeitung, interessieren sich für unterschiedliche Rubriken. Mode, Haushalt, teilweise Kultur treffen bei Frauen auf überdurchschnittliches, die Lokalberichterstattung auf gleiches Interesse wie bei Männern; deutlich weniger als Männer setzen sich Frauen dagegen mit Berichten über Innen- und Außenpolitik auseinander, mit dem Wirtschaftsteil, auch mit den Themen Technik und Wissenschaft:

Übersicht 15:

Informationsquelle: Tageszeitungen

Es lesen in der Tageszeitung regelmäßig folgende Rubriken (Auszug)	Westdeutschland	
	Frauen %	Männer %
Politische Meldungen und Berichte aus Deutschland, Innenpolitik	48	69
Politische Meldungen und Berichte aus dem Ausland	34	56
Wirtschaftsteil, Wirtschaftsnachrichten	17	44

Wieweit Frauen ihre Position in Politik und Wirtschaft in Zukunft ausbauen können, wird entscheidend auch von den Frauen selbst abhängen, von der Entwicklung ihres Interessenspektrums, ihres Informationsverhaltens und Informationsstandes und ihrer Bereitschaft, sich politisch zu engagieren. 9 Prozent der westdeutschen Männer, aber nur 3 Prozent der Frauen in den alten Bundesländern sind Mitglied einer Partei; auch die Bereitschaft zu parteipolitischem Engagement ist unter Männern höher: 15 Prozent der Männer, aber nur 9 Prozent der Frauen wären prinzipiell bereit, in eine Partei einzutreten; auch in Ostdeutschland ist dieses Muster festzustellen *(Tabelle 58)*.

Die Langzeitanalyse zeigt, daß die Bereitschaft von Frauen wie von Männern, sich parteipolitisch zu engagieren, seit den frühen fünfziger Jahren zunächst beträchtlich zunahm, seitdem aber bei Frauen wieder rückläufig ist. Ende der siebziger Jahre waren wie heute 3 Prozent der Frauen Mit-

Tabelle 58:

Engagement in Parteien

Frage:
Wären Sie bereit, in eine Partei einzutreten?

	Frauen 1953	1979	1991* West	Ost	Männer 1953	1979	1991* West	Ost
	%	%	%	%	%	%	%	%
Ja	4	12	9	3	10	17	15	8
Nein	95	84	88	92	85	75	76	85
Bin schon in einer Partei	1	3	3	5	5	7	9	7
Keine Angabe	x	1	x	x	x	1	x	x
	100	100	100	100	100	100	100	100

* 1991: Gesamtdeutschland.
x = Wert unter 0,5.
Erhebungseinheit: Westdeutschland mit West-Berlin, Bevölkerung ab 18 Jahren.
Quelle: Allensbacher Archiv, IfD-Umfragen 225, 1287, 3210.

glied einer Partei, aber immerhin 12 Prozent bereit, sich parteipolitisch zu engagieren; dieser Anteil ist seither auf 9 Prozent gesunken. Die unterdurchschnittliche Bereitschaft von Frauen, sich politisch zu engagieren, geht nicht auf gesellschaftliche Ressentiments gegen politisch aktive Frauen zurück. Das politische Engagement von Frauen wird heute zumindest in den alten Bundesländern positiver beurteilt als das politische Engagement von Männern *(Tabellen 59* und *60)*. Generell wird jedoch jegliches politische Engagement heute distanzierter beurteilt als vor zehn, fünfzehn Jahren. Dazu kommt ein sinkendes Interesse an den herkömmlichen Formen des politischen Engagements, der dauerhaften Bindung an eine Partei und der Übernahme von Funktionärsaufgaben. Die traditionellen Formen des politischen Engagements sprechen Frauen besonders wenig an. Sie sind dagegen ähnlich bereit wie Männer, teilweise sogar überdurchschnittlich bereit, sich für zeitlich begrenzte Projektarbeit einzusetzen, insbesondere für Projekte, die das unmittelbare Lebensumfeld betreffen. Eine stärkere Präsenz von Frauen in der Politik wäre in erster Linie über eine Veränderung der politischen Kultur und der Formen des politischen Engagements zu erreichen.

Tabelle 59:

Beurteilung des politischen Engagements von Frauen

Frage:
Gefällt es Ihnen, wenn sich eine Frau politisch betätigt, oder finden Sie das nicht so sympathisch?

	Westdeutschland Bev. insges. %	Frauen %	Männer %	Ostdeutschland Bev. insges. %	Frauen %	Männer %
Gefällt mir	45	55	34	36	43	28
Nicht so sympathisch	23	19	29	28	25	32
Unentschieden, kommt drauf an	32	26	37	36	32	40
	100	100	100	100	100	100

Erhebungseinheit: Bundesrepublik Deutschland, Bevölkerung ab 16 Jahren.
Quelle: Allensbacher Archiv, IfD-Umfrage 5062.

Tabelle 60:

Beurteilung des politischen Engagements von Männern

Frage:
Gefällt es Ihnen, wenn sich ein Mann politisch betätigt, oder finden Sie das nicht so sympathisch?

	Westdeutschland			Ostdeutschland		
	Bev. insges. %	Frauen %	Männer %	Bev. insges. %	Frauen %	Männer %
Gefällt mir	36	28	45	39	31	47
Nicht so sympathisch	19	24	14	15	21	8
Unentschieden, kommt drauf an	45	48	41	46	48	45
	100	100	100	100	100	100

Erhebungseinheit: Bundesrepublik Deutschland, Bevölkerung ab 16 Jahren.
Quelle: Allensbacher Archiv, IfD-Umfrage 5062.

Anhang

Verzeichnis der Tabellen:

Verzeichnis der Schaubilder:

Verzeichnis der Übersichten: